鬼谷子

〔战国〕佚名 著

陈书凯 编译

江苏凤凰科学技术出版社

·南京·

图书在版编目（CIP）数据

鬼谷子 /（战国）佚名著；陈书凯编译．— 南京：江苏凤凰科学技术出版社，2019.1（2023.10 重印）

ISBN 978-7-5537-9785-4

Ⅰ．①鬼… Ⅱ．①佚… ②陈… Ⅲ．①纵横家②《鬼谷子》- 译文 Ⅳ．① B228.02

中国版本图书馆 CIP 数据核字 (2018) 第 242474 号

鬼谷子

著　　者　[战国] 佚　名
编　　译　陈书凯
责任编辑　倪　敏
责任校对　仲　敏
责任监制　方　晨

出版发行　江苏凤凰科学技术出版社
出版社地址　南京市湖南路 1 号 A 楼，邮编：210009
出版社网址　http://www.pspress.cn
印　　刷　天津旭丰源印刷有限公司

开　　本　880 mm × 1 230 mm　1/32
印　　张　6.5
字　　数　177 000
版　　次　2019 年 1 月第 1 版
印　　次　2023 年 10 月第 8 次印刷

标准书号　ISBN 978-7-5537-9785-4
定　　价　49.80 元

前 言

春秋战国时期，风云四起，群雄争霸，苏秦、张仪、庞涓、孙膑、茅蒙、徐福在当时都是响当当的人物，是一面面引领各路英豪的旗帜，无人不知，无人不晓。但却很少有人知道，这些风云人物的背后，有一个隐居遁世的旷世奇人——鬼谷子，还有一本被称为“智慧禁果”的旷世奇书——《鬼谷子》。

身处乱世之中，群雄之下，若要生存，要有求生之道；若要建功立业，更要有谋略回旋之术，迎合辩论之法。生于春秋战国时期的鬼谷子出身名门，又曾拜在名师门下，演习权谋方略之道，之后在各诸侯国担任要职，但最终还是选择了隐居山林。从此，道家的仙风，隐者的逸气，策士的权谋，学者的方术，豪士的旷达，便集中在这样一位极具神秘色彩的人物身上。明代著名小说家冯梦龙在《东周列国志》中曾这样评价鬼谷子：“其人通天彻地，有几家学问：一曰数学，日星象纬，在其掌中，占往察来，言无不验；二曰兵学，六韬三略，变化无穷，布阵行兵，鬼神莫测；三曰游学，广记多闻，明理审势，出词吐辩，万口莫当；四曰出世学，修身养性，服食引导，祛病延年，冲突可俟。”

如此颇具仙风道骨之人，其作品当然不会是等闲之作。鬼谷子其人本就极具争议性，因此，《鬼谷子》这本书也被蒙上了一层神秘色彩，它的问世，曾对社会尤其是战国时期纵横家的理论起过重要的指导作用。此书产生于战国中期，是一部集纵横家、兵家、道家、阴阳家等思想于一体的政治理论著作。

《鬼谷子》一书共分上、中、下三卷，上卷包括《捭阖》《反应》《内揵》《抵巇》四篇；中卷包括《飞箝》《忤合》《揣》《摩》《权》

《谋》《决》《符言》《转丸》《胠箧》十篇；下卷包括《本经阴符七术》《持枢》《中经》三篇。由于中卷的《转丸》和《胠箧》两篇已经失传，后人无法知晓其中具体内容，所以在此只能提及篇名。

从内容上看，上卷第一篇《捭阖》，是全书的总纲，是纵横学说的主要理论依据。上卷的《反应》《内揵》《抵巇》，以及中卷的《飞箝》《忤合》是让谋臣策士对组织进行分析，着重从外部环境着手进行。中卷的《揣》《摩》《权》《谋》《决》则是按照事物发展的逻辑思路，讲述说服对方各个过程中所需要运用的策略。中卷的最后一篇《符言》是国君或者列于上位的统治者言行修养的标准，也是对前面上卷和中卷十一篇的总结。下卷《本经阴符七术》探讨的是如何正心修身、决策转圆、趋吉避凶等；《持枢》探讨的是君主治国要遵循自然规律、顺应民意；《中经》讲述的是如何立身处世、争取人心的七种方法。

《鬼谷子》虽独具精深的游说之道、权谋之术，但历代人对此书却有着天差地别的评价，褒贬不一：有人认为这是一本经世之作，因为"其智谋，其变谲，其辞谈，盖出于战国诸人之表。夫一闭一阖，易之神也。一翕一张，老氏之几也"；有人则认为此书过于功利，因为"捭阖、飞箝、揣、摩等术，皆小夫蛇鼠之智，家用之则家亡，国用之则国偾，天下用之则失天下"。此书中的观点表明，只要能够达到自己的目的，可以运用各种各样的方法手段去说服别人。这种明显的功利主义思想与儒家传统的"仁义礼智信"相冲突，这正是历史上对此书褒贬不一的最主要原因。虽然儒家文化是中国古代的主流文化，但是却无法遮掩其他学派的光芒。《鬼谷子》一书的主导思想是以游说的谋略和技巧取胜，认为一个成功的谋臣策士在游说之前必须"定计"，"定计"前必须"知情"。书中所阐述的诸侯国的政治、经济、军事、外交以及诸侯间的关系、民心的向背和政治家本人的心性、能力、品质、喜恶等，为谋臣策士们游说君主、建功立业提供了一套行之有效的方法和技巧。因此，对《鬼谷子》一书的研究和探讨，无论是在古代，还是在当今社会，都有不可小觑的价值。

《鬼谷子》其实是一部研究社会政治斗争与谋略的智慧奇书，在战争频繁的春秋战国时期极具实用价值。其中游说术的成功运用，可以直接影响一国的政治、经济、军事等诸多领域，最有力的证据便是鬼谷子先生的几位高徒——张仪、苏秦、范雎，他们对战国七雄的实力格局都产生了举足轻重的影响。《鬼谷子》一书历来有“智慧禁果、旷世奇书”的美称，富含处世进取、发迹的哲学之道，其中顺应时势、揣摩情意、见微知著、审时度势等理论，对我们现代人小到为人处世、经商致富，大到治理国家、消除战争摩擦等，都具有一定的现实指导意义。本书自问世以来，历经许多朝代学者的详细研析与注解，可见此书对后世影响之大。此书本就是智慧之作，再加上后世的详细注解，其中的权变谋略的法术便使此书成为历代乃至各国政治权谋家的枕边之作。

目录

《鬼谷子》中卷

鬼谷子传

春秋战国时期，诸侯国林立，群雄争霸。
鬼谷子深谙权谋方略之道，
曾在各诸侯国担任要职，后隐居山林。
其高徒张仪、苏秦、庞涓、孙膑等，
对战国时的政治等军事格局产生了极大影响。

公元前 403 年，韩、赵、魏三家分晋，春秋时代的最后一抹余华被消磨殆尽，战国兼并的硝烟就此开始弥漫。

晋国被分之后，魏国得到了横跨今之山西及河南、河北的大量土地。魏文侯本就是一位具有雄才大略的君主，得此中原大地更是如虎添翼，于是率先实行变法改革，大举兴国之事。

诸侯争霸时期，鬼谷子就出生在战国七雄中的第一个强国——魏国。

鬼谷子，姓王，名诩，后因隐居于鬼儿峪而被尊称为“鬼谷先生”。

公元前 390 年，人到中年的魏国大夫王错喜得贵子，便请来一位相师给儿子看相。相师出言：“非常相，非常事，非常得，非常失。”王错问相师何意，相师道：“此子相貌非常，必成非常之事；主人早年无子，四十方得，故谓非常之得；非常之得，便为过孝；喜之太过，必有大失，此谓中和。”

王诩 3 岁时，其母因病不治而亡，这便是相师所说的大得之后的大失吧。自此，王错便更加爱怜这位幼年丧母的儿子。

王错是魏国重臣，经常伴君左右，因此练就了一套巧妙的进退之策，而且经常请大臣们到府中谈诗论文、商议国政，共同研讨敬上驭下的计策。幼时的王诩经受父亲的熏陶，自少年时代起就对政治勾斗、智谋权术兴趣颇浓。

一天，王错又邀请同朝的官员把酒议事，这次议的焦点是一个叫吴起的人，王诩听出父亲与此人政见不和。

待宾客离去之后，王诩问父亲：“吴起何许人也？”

父亲说道：“吴起乃卫国的富家子弟，爱好兵法，曾跟曾参学习儒术。此人无情无义，不忠不孝，为人飞扬跋扈，盛气凌人。若留在魏国，必生祸患。”

聪明的王诩看出父亲对吴起成见很深。后来，王诩逐渐得知，吴起是一个通晓兵法的军事奇才。魏文侯见吴起颇具文才武略，便用他协助李悝变法。吴起加大变法力度，威胁到一些世袭贵族大夫的利益，所以才会引起王错等人的排挤。

公元前 385 年，魏文侯、李悝相继辞世，魏武侯选新相，谁知选中的恰恰是吴起认为无德无能的商文。商文得到王错等人的支持，夺取了相权。自此，吴起与王错之间的派别之争愈加白热化。

王诩当时年纪虽小，但对这些政事却十分关注，他明白父亲与吴起已经没有化干戈为玉帛的可能，他们的分歧永远也难以弥合了。

15 岁之前的王诩，就在这样的政治纵横、权势之争下成长。此时的他已经不再是懵懂无知的少年，不管天文地理、占卜星象，他都已经涉猎其中，其中最感兴趣的是《周易》，因而事物阴阳变化、五行交替的道理他都烂熟于心，并试着用这些道理察人谈吐，为人卜卦。《巫咸星经》《春秋》《黄帝内经》《孙子兵法》等书籍中的知识，他也化为己用，并不断充实自己的学识涵养，尤其在谋略权术方面最为精深。以他当时的学识，早已不仅仅是同龄人中的佼佼者，甚至连他博学的父亲有时也自叹不如了。于是，王错提笔给在洛邑的妹妹写了一封信。就这样，刚满 15 岁的王诩，带着对未知世界的无限向往，踏上了去洛邑的求学之路。

此时的周王朝江河日下，但洛邑毕竟是天子之都，亭台楼阁，雕栏玉砌，俨然一派盛世繁华的景象。

王诩见到姑姑后，跪拜行礼。姑姑将他扶起，唤过儿子司马缝与王诩相见之后，领他们来到正房说话。王诩的姑丈司马鸣在太学任师氏之职，待公差结束之后方与王诩相见。

姑丈问王诩："表侄为何要来洛邑求学？"

王诩回道："当今诸侯争雄，天下分裂，我想学干政之术，以己之智为圣明的君主出谋划策。家父政务繁忙，烦劳姑丈引导。"

姑丈叹道："表侄志向远大，实在难能可贵啊！这样吧，从明日起，你就同你表弟一起到太学学习。"

次日，王诩便同表弟来到太学，开始了正式的求学生涯。姑丈见王诩有向学之心，就在太学里为他请了三个老师：精于天道的太史皓，通晓兵法的司马武，擅长说辞的行人强。太史皓首先令王诩记住二十八星宿，再为他讲解天人相应的道理；司马武则令王诩熟读《孙子兵法》，待他明白了用兵谋略，便在空地上画出两军对垒的排兵布阵图，教他研习兵法；行人强则把自己全部的游说经验和修习方法都传授给他。

入洛邑的第三年起，王诩开始学习时政，了解各国地理。他仔细阅读了周王朝柱下史所藏的资料，初步掌握了争战各国的自然条件、风土人情和当时的战略局势。

此时的魏国，政局开始动荡不安，吴起在王错等人的排挤下，前往楚国。听到这个消息，王诩说："吴起是天下不可多得的英才，圣明的君主都能用人之长，制人之短。由此而言，魏武侯不及魏文侯豁达开明。"

司马武见王诩如此洞晓世事，便将《金版六驶》交给王诩，说道："此书是姜尚一生兵法的总结记录，我受之于先师，今日传于你。望你仔细揣摩研读，定可助你取公卿之位。"

自得此书，王诩夜夜挑灯苦读。书中微言大义、精辟的见解和无穷的妙法，令王诩如痴如醉。书中云："善战者，不待张军。善除患者，理于未生。善胜敌者，胜于无形。上战无与战。"读到这里，王诩不由赞叹道："不战而胜，真善之善者也。"

后来，王诩始终随身带着它游历各国，之后又将它传给了得意弟子苏秦。

公元前370年，王诩回到了魏国。不久，魏武侯的两个儿子莹和公仲缓为争太子位而内讧，韩、赵两国乘机举兵攻魏。因两国产生分歧，魏君得以幸免于难。但魏与韩、赵之间自此产生嫌隙。王错也因挑动公子莹内乱而遭魏君贬谪。不得已，王错只好再次送走王诩，让他到楚国谋事。

楚国在春秋时就已是五霸之一，境内有长江、汉水、淮河和云梦大泽等水利之便，又有江汉平原等肥土沃野，物产资源极为丰富。西周时因受犬戎之乱，一部分人携带大量史书典籍逃到楚国，中原文化与楚文化相互融合，相互影响，使楚文化独树一帜，道家学派即在此发源。

王诩自离开魏国，一路上风餐露宿，策马扬鞭，终于来到楚国都城郢。在打探了楚国的政局之后，他便化身卜卦之人，凭自己多年所学，又懂得天文地理，做起来得心应手。他一面为人占卜，一面借机观察世风民情，揣摩世人心理，为自己的学术积累基础。

但是占卜并非常事，没过多久，王诩便隐身洞庭湖边，日日思索，对老子清静无为的思想心领神会。他认为楚国虽疆域辽阔，鱼米丰足，只可惜楚肃王昏庸无道，奸佞横行，因此不宜久留。

正当王诩萌生去意时，传来父亲离魏奔韩的消息。王诩心念父亲的安危，几经辗转，来到了韩国。

在韩国见到了阔别数年的父亲，王诩跪倒于地，泪洒前襟。当夜，父子二人月下把酒，畅叙别后之情。

几日之后，王错便带着王诩拜见韩国的名流贤士，到各地了解风土民情，并让他拜在邓析子后人邓玉门下，专习辩论之术。邓玉对王诩的领悟力极为欣赏，在邓玉的悉心教导下，王诩学问大长，辩术无人能及。

正当王诩一心求学之际，韩国金公主患病，四处求医未见好转。王诩得父命，为金公主看病。因对医术略有研究，王诩很快找到公主的病因，使金公主的病情大为好转。但此时父亲并未提及与金公主的婚配之事。

一天，王诩又来到宫中，拜见韩侯，韩侯问道："听说你四处游学，见多识广，将来有何打算？"

王诩忙答道："在下年少无知，只想乘机多学些治世道理，以便在乱世间立身求存。有朝一日，能尽己所学，为人所用。"

韩侯说："寡人有意将你召入宫中做事，你有何打算？"

王诩赶忙跪拜道："谢君上厚恩，在下愿为君上效劳！"

次日，王诩与父亲商议此事。王错听了很高兴，他真心希望儿子留在韩国，陪伴自己安度余生。王诩看着父亲日渐苍老的面容，想到自己数年来未在父亲身边尽孝，决定留在韩国。

不久，在程好为的撮合下，王诩与金公主结成秦晋之好。韩侯大摆喜筵，为二人完婚。自此，王诩步入了求取功名、成就大业的重要时期。

此后，王诩多次随外相出使各国，并把每次洽交经过都记录下来，积累了上百卷外交说辞和智谋策略，成为韩国外交的经典之作，君臣同僚争相传阅。此后，王诩的外交才能日渐显露，他分析了战国的基本形势，初步确立了强国合纵、弱国连横的斗争策略，奠定了纵横学术的基础。

正因为王诩此间经常在列国间奔波，司空大夫的二公子庞喜乘机进入了金公主的生活。秦国借口楚、韩联合对己形成威胁，出兵伐韩，形势骤然紧张。韩侯急派王诩出使魏国和齐国，请兵解围。王诩走后，庞喜与金公主频频幽会，并与金公主计议，欲乘机除掉王诩，取而代之。王错听闻传言后，无计可施，难以承受此等大辱，重病在床，只希望王诩早日归来。

王诩辗转各国，游说大获成功，魏、齐、楚三国都愿助韩抗秦。回到国内，禀报韩侯，韩侯大喜，重赏王诩。

凯旋的王诩万万没想到，离家月余，后院失火，父亲病倒，劫难接踵而至。一气之下，他竟然也病倒在床。程好为前去探望王诩，将实情一一告知，并提醒说："最近庞喜与公主行动诡秘，其中必有阴谋，千万要提防他人陷害。"

几日后，王错溘然长逝。

庞喜见时机已到，假装探视王诩，打算与金公主合谋，毒死王诩。因王诩早有准备，阴谋未逞。

王诩已认清事态，只盼及早逃离韩国，以免遭遇不测。次日清晨，王诩便准备车马，离韩国而去，经魏国来到了宋国，投奔父亲生前好友——宋国的高欣大夫。

高欣热情接待，寒暄之后，王诩便将父亲病逝和自己在韩国的遭遇详细告知。高欣大夫听后喟叹不已，并让王诩在宋国放心居住。

王诩本是好学之人，再加上在韩国的磨炼，又虚心向高欣大夫求教，修养更是高了一层。不久，高欣大夫发现王诩谈吐不凡，学识广博，见解独到，便引领他去见宋君。宋君见了王诩，问道："高欣大夫在寡人面前称颂你的才能，我来问你，我国曾为春秋大国，如今各国纷争不断，群雄并起，皆欲吞灭宋国而称霸天下。你可有良策助我宋国复兴？"

王诩对此早已胸有成竹，说道："齐、楚、燕、赵、韩、魏、秦乃当今七强，尤以西秦、东齐为最强。正所谓投鼠忌器也。任何一国要想吞并宋国，必然会受到其余各国的遏制。以在下之见，君上宜与邻国修善，与远国结交，派人贿赂各国权臣，为他们在宋国开辟封地，修行宫。这样，君上就可立于不败之地。"

宋君听完，当日正式任命王诩为外相，主持外交事宜。

齐国一直想谋取宋国，苦无良机。齐侯听说王诩很有才能，便派能辩之士淳于髡前往招揽。

淳于髡到达宋国后，身着便服，只身来到王诩门前，对门卫说："请通报外相，说有故友前来拜见。"

王诩没想到淳于髡来访，赶忙将他迎进房内。宾主落座后，王诩道："先生此次轻车简从，微服私访，有何见教？"

淳于髡道："不瞒您说，我这次来，不为公事，只为先生而来，想请先生为齐国献力。"

王诩说："我从韩国来到宋国，事出有因。且宋君待我不薄，岂可舍既得之利，而求不实之功？"

淳于髡加强攻势，说道："先生既非宋人，留在宋国，正如飞龙缚足，岂能高翔苍穹？我真为先生感到惋惜啊！以敝人之愚见，先生的风格，怕不会久居一地，老死终生吧？"

王诩想了想，说："先生暂且回去，成与不成，三日便知。"

淳于髡走后，王诩思来想去，仔细斟酌了淳于髡的话，最终决定舍宋国而去，成就大业。三日后，王诩化装成普通百姓，急奔齐国。正当宋君为王诩的突然消失而愁眉不展之际，齐侯、淳于髡及众文武大臣正列队迎接王诩的到来。

此时的齐国，名流荟萃，人才济济，争鸣论辩之风正盛。王诩当然不甘屈居他人之下，凭着多年来积累的才识，不断完善其纵横学说，逐渐形成了独立的纵横学派，在诸子百家中占据一席之地。

在王诩的大力辅佐下，短短几年的时间里，齐国实力大增。王诩的名气也随之大增，终于被宋君听到，他极为震惊，决定利用高欣大夫劝回王诩，并让高欣立下军令状，劝不回王诩，便以死谢罪。高欣不敢怠慢，快马加鞭赶往齐国。

到达齐国后，高欣先是按礼节拜见齐侯，自然不得好脸色。无奈，他只好转而向王诩哀告道："若不能劝你回去，我将被判死罪，全家也要受株连！因此，要么你回去，要么我死，二者必居其一！"

王诩没想到事态如此严重，心中不免踌躇。

高欣见王诩犯难，知道他不忍心连累自己，便道："我劝贤侄走为上。临行前宋君叮嘱，若劝你不回，则劝你离齐。只要你不留在齐国，我便可以免除死罪。"

看来，天意安排王诩一生漂泊不定，那他只能顺乎天意，退出世俗纷争，隐遁山林。

王诩遂亲笔修书一封，请高欣转交宋君。

在不久后的一个深夜，王诩离开齐国，去往何处，无人知晓。

其实，王诩并没走远，而是到一个当地人称之为"鬼儿峪"的山谷隐居。因此地多为坟地，乃鬼魂所居，故有此称。

平日，这个山沟人迹罕至，没有了世俗的喧嚣和尘世的纷争，王诩心无旁骛，一心研究他的纵横学术。后来附近的人便以土语称他作"鬼儿峪先生"。后来传扬出去，在外地人的雅言中就变成了"鬼谷先生"。

鬼谷先生为了传扬自己的学术，开始收徒讲学。这个消息很快传到齐国，齐侯派淳于髡前往探查。

淳于髡历经辗转，终于找到了鬼谷先生的住处。由于常年素食淡饭，王诩的须、发、眉渐渐变得如霜雪一般。两人相见后，淳于髡竟没认出鬼谷先生就是王诩，而鬼谷先生一眼便认出了淳于髡，忙将他请进石屋，刚一开口，淳于髡便认出此人正是王诩。寒暄一阵，淳于髡说明来意。

鬼谷先生道："我已尝尽世间险恶，再无心参与人间勾斗，决意做山野之人，隐居山林，安度余生。恕我不能随先生下山回齐，即请转达对齐君的谢意。"并将隐居的原因告知淳于髡。

淳于髡也是明理之人，并不强求，只是令随从将赠品取出献上。

鬼谷先生拒不接受，转身递过两本书卷，淳于髡接过书卷一看，一为《纵说》，一为《横说》。

时光如水，转眼又是几年。这期间，又有各国众多年轻后生前来求学，大小不等，身份各异。鬼谷先生根据他们的学识和经验，分类指导，因材施教，安排他们修习不同的课业。每当有人上山，鬼谷先生就让他们讲述各国形势的发展情况，从中了解最新的信息，丰富讲授的内容。

某日，有个弟子把几人领进来见鬼谷先生。几个年轻人向鬼谷先生拜过之后，其中一个说："先生，我们几个都是从临淄城来的。在齐国，先生的大名无人不知，我们几个曾随淳于髡先生学习，是他推荐我们到您这儿来求教的，请您收下我们几个徒弟吧。"此人便是陈轸。

鬼谷先生谦虚地说："淳于髡先生才学在我之上，我不过徒有虚名而已。即日起，你们就在这山上住下来，就算是我的徒弟了。"

陈轸三人立即跪倒在地，行拜师之礼。

礼毕，鬼谷先生说："乱世多凶险，非有心之人，不能有作为。"

陈轸说："全凭先生指教。"

鬼谷先生以弟子年龄，给他们排了行序。

吃过午饭，略事休息，先生就开始给弟子们授课。

经过一段时期的学习和训练，鬼谷先生对众弟子说："想必你们都已基本掌握世情，这是你们实施游说的基础。游说的基础之二是掌握人情，即将世人分门类、分等，了解不同人的心性脾气，然后顺应人们的心性品操去分别对待他们，使用捭阖之术，或开放启发他，或压抑控制他，或放手纵容他，然后暗中谋划，促使他按照我们的意图行事，这样就可以实现我们的目的。这些方法请弟子们务必熟记，不然，知事不明、知人不准，便必然遭祸。"

在众弟子中，陈轸是最具悟性的一个，也是最勤奋的一个，深得师傅喜爱。数年之后，一些急于求成的弟子要下山出仕，陈轸却选择留了下来，继续求学。鬼谷先生对此不以为意，任由他们去留。

此后，鬼谷先生继续向陈轸传授纵横之术、权谋之说、论辩之学。一日，鬼谷先生对陈轸说道："如今各国都在招贤纳士，正是你下山谋事的天赐良机。你可择日下山，求取功名！"

陈轸听师傅所言，想到多年的师徒之情，涕泪俱下地说："师傅对弟子恩重如山，就让弟子多陪伴先生些时日吧！"

陈轸执意要留，鬼谷先生劝说无用，只好同意。

又过了数月，鬼谷先生再次催促陈轸下山。临行时对他说："成事在天，谋事在人。天下之计,概无定势,一切须应变设计。初侍人主,务要谨言慎行。你要走了,师傅无金玉相送,只送你一卷《阴符经》,时常阅览,定有收益。趁天气尚早,快快下山去吧!”

陈轸知道自己下山的时机已到,便与鬼谷先生依依惜别。

陈轸走后,天下形势急剧变化,诸侯国之间战争迭起,一些有志青年为求取功名,四处拜师求学,鬼谷学术经弟子们的传播,影响日隆。张仪、苏秦等人后来都成了纵横大师,声名显赫,威震当世。

鬼谷先生依旧在山上过着清静无为的隐居生活,下山弟子中只有张仪、苏秦曾上山探望,其他弟子,虽有书信传来,再未有人上山。

数年后,鬼谷先生寿终,时年75岁,后人皆称其为纵横祖师。

《鬼谷子》上卷

第一篇　捭阖术

原文

粤若稽古，圣人之在天地间也，为众生之先。观阴阳之开阖以命物，知存亡之门户；筹策万类之始终，达人心之理；见变化之朕焉，而守司其门户。故圣人之在天下也，自古及今，其道一也。

译文

纵观上古以来的历史，可以看出，圣人之所以生存在世界上，就是要以先知先觉的导师姿态示于芸芸众生。通过观察阴阳、分合等现象的变化，对世间万事万物的变化进行辨别，并进一步了解和掌握事物的本质属性；从而推算和预测事物的发展过程，及时通晓人们内心变化的规律；以便及时发现事物发展变化的征兆，从而把握和利用事物发展变化的关键，以求因势利导。所以圣人生存在天地之间，从古至今，其立身处世遵循的规律都是一样的。

原文

变化无穷，各有所归。或阴或阳，或柔或刚，或开或闭，或弛或张。是故圣人一守司其门户。审察其所先后；度权量能，校其伎巧短长。夫贤不肖、智愚、勇怯、仁义有差，乃可捭，乃可阖；乃可进，乃可退；乃可贱，乃可贵，无为以牧之。审定有无与其实虚，随其嗜欲以见其志意。微排其所言而捭反之，以求其实，实得其指，阖而捭之，以求其利。或开而示之，或阖而闭之。开而示之者，同其情也；阖而闭之者，异其诚也。可与不可，明审其计谋，以原其同异。离合有守，先从其志。

译文

万事万物的发展变化无穷无尽，纷纭多端，然而最终都有其各自的规律和本质特征：有的归于阴，有的归于阳；有的以柔为特征，有的以刚为特征；有的归于开放，有的归于封闭；有的松弛不固，有的紧张难入。因此，圣人处理事务时，要善于把握事物发展变化的关键，审慎地考察事物的来龙去脉和先后顺序。任用人才要估量其权谋和能力的优劣，然后取其所长，避其所短，因材而用。世间之人，有贤良与不肖，有聪明与愚蠢，有勇敢者与怯懦者，有仁人君子，也有苟且小人，总之是有差别的，因而针对不同的人的态度和方法也就各不相同，（对于贤德之人）可以迎为上宾，（对不肖之人）可以拒之门外；（对聪明的人）可以引进重用，（对愚蠢的人）可以废黜斥退；（对怯懦的人）可以使其卑贱，（对勇敢的人）可以使其尊贵。总之一句话，要顺应人的自然本性，遵循无为而治的原则加以控驭和掌握，可使人尽其才。要审定和选择贤才，必须考察此人才能的有无大小，性格品行的虚实优劣；可以先放任他的个人嗜好和欲望肆意行事，从而观察其意趣和志向。在和对方辩论时，可以适当地贬抑或置疑对方的言论，以便诱导他展开话题，顺畅议论；待话匣子打开后进行再反驳和诘难，从而探求出事情的原委，进而把握其真实意图。得知对方的实际情况之后，自己应该缄默不语以挑动对方畅所欲言，以便了解对方所说是否于己有利。全面把握了真实情况后，或者向对方敞开心扉，让对方知道自己的真实想法，或者封闭心扉，隐瞒自己的真实想法，不露心迹。敞开心扉，让对方明白自己的真实想法，前提是双方的意愿和志趣相同；隐瞒自己的真实想法，不露心迹，是要考虑双方的意愿是否相悖，诚意如何。要确定计谋是否可行，应该审慎地对计谋的不同方案进行仔细研究，这样才能弄清彼此的异同优劣之处。彼此的计谋中，或与自己的意愿相悖的，或与自己的意愿相契合的，如果都有其合理性和可行性，应该在尊重对方意愿的前提下，确定自己的计谋主张。

原文

即欲捭之贵周，即欲阖之贵密。周密之贵微，而与道相追。捭之者，料其情也；阖之者，结其诚也。皆见其权衡轻重，乃为之度数，圣人因而为之虑。其不中权衡度数，圣人因而自为之虑。故捭者，或捭而出之，或捭而纳之；阖者，或阖而取之，或阖而去之。捭阖者，天地之道。捭阖者，以变动阴阳，四时开闭，以化万物。纵横、反出、反覆、反忤必由此矣。捭阖者，道之大化。说之变也，必豫审其变化。

译文

假如想要畅所欲言（和对方辩论），坦白自己的内心，抒发自己的见解，最重要的是严密周详；假如想要不露心迹，隐藏自己的观点，最重要的是深藏不露、隐藏自己的真实意图。周详、保密的重要之处在于运用微妙而且可以谨慎地遵循客观规律的要求，与“道”有相通之处。之所以要畅所欲言，和对方激烈辩论，是为了全面了解和考察对方的真实情况；之所以缄默不语，隐藏自己的观点，是为了考验对方的诚心，找出与对方的共通之处。所有这些手段，都是为了权衡得失利害、轻重缓急，从而对对方的实力和计谋做出测度和分析，圣人会根据测度和分析的结果，谋划下一步的行动方略。假如这些分析有失轻重之理、不合度量之数，那么圣人也只好舍弃不用，另谋良策了。因此，同样是“开”，可以把自己的观点袒露进而实施，也可以把别人的建议纳入脑中而深藏起来；同样是“闭”，可以采纳别人的建议并付诸实施，也可以拒绝采纳而弃置不用。“开放”和“封闭”是天地间万事万物发展变化的基本形式，二者会导致阴阳处于对立统一的运动之中，构成春夏秋冬四季交替，从而使得万物生死轮回、万事兴亡交替。万事万物的自然变化，或纵横，或返回，或翻覆，或忤逆，都离不开开放和封闭这种基本的运动形式的相互作用。开放和封闭的矛盾运动，是天地万物运行的基本规律。而就游说者纵横辩论而言，也存在这样的方法，所以必须事先审慎地考察对方的不同变化。

原文

口者，心之门户也；心者，神之主也。志意、喜欲、思虑、智谋，此皆由门户出入，故关之以捭阖，制之以出入。捭之者，开也，言也，阳也；阖之者，闭也，默也，阴也。阴阳其和，始终其义。故言长生、安乐、富贵、尊荣、显名、爱好、财利、得意、喜欲为阳，曰“始”。故言死亡、忧患、贫贱、苦辱、弃损、亡利、失意、有害、刑戮、诛罚为阴，曰“终”。诸言法阳之类者，皆曰“始”，言善以始其事；诸言法阴之类者，皆曰“终”，言恶以终其谋。

译文

口是一个人袒露心灵的门户，而心灵则是一个人精神世界的主宰。每个人的意志、喜好、思想、智谋都要通过口这个门户出入，向别人表达。因此，要通过开放和封闭来把守自己的“口”，用出和入来控制自己的言谈。所谓“捭”，就是开放、言谈、阳气（袒露）；所谓“阖”，就是封闭、缄默、阴气（隐藏）。阴阳二气必须中和、协调，那么开放和封闭才会节制有度，阴阳才能各得其宜。所以说长生、安乐、富贵、尊荣、显名、爱好、财利、得意、喜欲等，都属于“阳气”，叫作“始”；而死亡、忧患、贫贱、羞辱、弃损、亡利、失意、灾害、刑戮、诛罚等，都属于“阴气”，叫作“终”。凡是那些遵循“阳气”进行游说的谋士，其谈论的均属于“始”的内容，也就是通过论证“阳”的方面使自己的建议得到采纳，进而付诸实践；凡是那些遵循“阴气”进行游说的谋士，其谈论的则属于“终”的内容，也就是通过论证“阴”的方面来终止实施某种计谋方略。

原文

捭阖之道，以阴阳试之，故与阳言者依崇高，与阴言者依卑小。以下求小，以高求大。由此言之，无所不出，无所不入，无所不可。可以说人，可以说家，可以说国，可以说天下。为小无内，为大无外。益损、去就、倍反，皆以阴阳御其事。阳动而行，阴止而藏；阳动而出，阴随而入。阳还终阴，阴极反阳。以阳动者，德相生也；以阴静者，形相成也。以阳求阴，苞以德也；以阴结阳，施以力也；阴阳相求，由捭阖也。此天地阴阳之道，而说人之法也，为万事之先，是谓圆方之门户。

译文

合理运用开放和封闭的规律行事，必须从阴阳两方面来进行论证和实施。因此，与处于“阳气”中的人谈论，可以用崇高的语言来说服他；与富有“阴气”的人交流，则要用低微的语言引导他。这样以低下求取卑小的认同，以崇高求取博大的宽容。照此而论，我们就可以根据不同的人采取不同的策略，当说则说，当停则停，出入自如，天下便没有解决不了的事情，没有人不能说服了。谋士可以用这样的方法去说服普通民众，可以说服一个家族，甚至可以说服一个将相国侯，可以游说天下国君。若要成就小事，可以小到极限，没有更小的事；若要成就大事，可以大到极限，没有更大的事。所有的损害和裨益、离去和接近、背叛和复归，这些复杂的情形，都可以运用“阴阳”的规律加以驾驭和控制。面对阳势（有利的形势），就要开始行动前进；面对阴势（不利的形势），就要停止行动而隐藏。面对阳势，就要主动出击；面对阴势，就要退避隐藏。阴阳两者总是互动循环，阳势运动发展的终点是阴势，阴势运动发展的极致则是阳势。乘阳势积极而动的谋士，道德意志也会随之相生相长；乘阴势冷静处理局面的谋士，形势也会随之相辅相成。以阳势而求助于阴势，需要用道德加以包容；以阴势求助于阳势，则需要尽智竭力，以诚感人。阴势和阳势相互转化循环，遵循的正是开放与封闭的基本法则。这是世间万物阴阳变化的规律，同时也是游说之士所应遵循的基本法则。“捭”与“阖”、“阴”与“阳”的相辅相成，是万事万物生长变化的先决条件，也就是所谓的天地“方圆”之门户。

智慧总结

据《辞海》解释：捭为分开的意思；阖为闭合的意思。本篇所着重论述的是如何选择说辞，如何掌握谈话的节奏和技巧。要根据谈话的时机、场合、对象等环境的不同，适时地采取相对的捭阖之术。推而广之，从应用的范围来看：阳、动、刚、张、方等都可归为捭术；阴、静、柔、弛、圆则可归为阖术。变阳为阴或变阴为阳，以动制静或以静制动，以柔克刚或刚柔并济，都可以说是捭阖术的延伸与推广。

本篇也隐含了发挥主观能动性、变阳为阴或变阴为阳的“捭阖阴阳术”，还有软硬兼施、刚柔相济的“刚柔张弛术”等，只要我们善于抓住事物的关键，便可运用自如、得心应手。

至于究竟采取何种策略，首先要根据内外的环境与形势来判断。当遇到有利于自己发展的机会时，就要采取“捭”的战略，及时主动出击，以便获取更大的胜利；当环境与形势不利于自己的时候，就应采取“阖”的战略，身居暗处，以积蓄力量，等到有利时机再发动反击。

捭阖术在春秋战国时期的应用极为广泛。由于各国实力的不均，许多弱小的诸侯国便通过相互游说联合起来，以抵抗强国，保全自身，其中最为著名的当属苏秦的“合纵”与张仪的“连横”。在战争中捭阖术的应用也比较普遍，利用张弛、静动、刚柔、方圆等之道的相互转化，从而找到克敌制胜的办法。

捭阖是事物发展普遍存在的规律，也成为游说者必须掌握的法则，所以文中说道：“此天地阴阳之道，而说人之法也，为万事之先，是谓圆方之门户。”可见，只有处理好“捭”与“阖”的关系，才能够说服别人。

审察其所先后；度权量能，校其伎巧短长

审察其所先后；度权量能，校其伎巧短长。夫贤不肖、智愚、勇怯、仁义有差，乃可捭，乃可阖；乃可进，乃可退；乃可贱，乃可贵，无为以牧之。审定有……明审其计谋，以原其同异。离合有守，先从其志。

诸葛亮精心择官

诸葛亮以其隆中策预见天下三分，显示其大才；以其鞠躬尽瘁尽忠蜀

汉，显示其大德。其人如此，其择官也以德才兼备为准则。

诸葛亮第一次北伐时向刘禅上疏，即《前出师表》，疏中说："亲贤臣，远小人，此先汉所以兴隆也；亲小人，远贤臣，此后汉所以倾颓也。先帝在时，每与臣论此事，未尝不叹息痛恨于桓、灵也。"

汉桓帝、汉灵帝是东汉末年的皇帝，二人都信任宦官，大兴党锢之祸，杀戮贤臣，以致社会动荡不安。诸葛亮上《前出师表》时，刘备已去世，由他执政辅佐刘禅，故在出征前总结了先汉与后汉兴亡的经验教训，谆谆告诫刘禅，不要学桓、灵二帝"亲小人，远贤臣"，要学先汉"亲贤臣，远小人"，才能使蜀国兴隆，以复兴汉室。

诸葛亮在《十六策》里指出："治国之道，务在举贤。若大国危不治，民不安居，此失贤之过也。夫失贤而不危，得贤而不安，未之有也。"因此，诸葛亮在治理蜀国时特别重视选拔德才兼备之士。

他推荐董允为侍中，领虎贲中郎将，统宿卫重兵，负责宫中之事。刘禅欲增加后宫嫔妃，董允认为古时天子后妃之数不超过 12 人，今已足数，不应增加。刘禅宠爱宦官黄皓，黄皓为人奸佞，想干预政事，董允上则正色匡主，下则数责黄皓，他在时，黄皓不敢胡作非为。

蒋琬、姜维都是诸葛亮精心选拔的接班人。

蒋琬入蜀，开始时任于都县长。刘备前去巡视，正看见蒋琬饮酒醉倒，不理政事，非常生气，要杀掉他。诸葛亮深知其人，为之说情：

"蒋琬，社稷之器，非百里之才也。其为政以安民为本，不以修饰为先，愿主公重加察之。"

刘备敬重诸葛亮，听到他所言，便没有惩罚蒋琬。后来诸葛亮提拔蒋琬为丞相府长史，每次出征，他都足食足兵以相供给。诸葛亮经常赞蒋琬为人"忠雅"，可与他一起辅佐蜀汉大业。诸葛亮死前，秘密上表给刘禅：

"臣若不幸，后事宜以付琬。"

诸葛亮死后，蒋琬执政，其人大公无私，胸怀广阔，能团结人。同时，他能明知时势，做到国治民安。

姜维继诸葛亮复兴汉室之志，屡次北伐，虽无大胜，但魏兵也不能侵人。等到司马昭派大军伐蜀，刘禅昏庸，不听姜维派兵扼守阴平的主意，终于使邓艾得以偷渡而直捣成都。

刘禅献城投降，并命令姜维也投降。姜维想假借投降的机会，杀掉钟会，复兴蜀汉，最后没有实现。姜维虽未实现夙愿，但足见其忠烈。

刘备死后，有诸葛亮及其后继者蒋琬、姜维等辅佐，昏君刘禅才能坐帝位达40年之久。而曹操死后，其子曹丕篡汉，魏立国虽有45年，但早在17年前司马懿就发动政变夺取曹爽的军权，魏政权已归司马氏，魏已名存实亡，魏政权存在实际只有28年。孙权死后，孙亮立为吴帝，内部不和，国势日弱，遂被晋灭，孙权后人掌权只有27年。三国相比，蜀汉政权比较稳固，没有内部互相倾轧、争权夺利的事情，这正是有德才兼备的人才辅佐的缘故。

评析

“度权量能，校其伎巧短长”的意思是任用人才要度量其智谋和能力的优劣，考核其才能道德的短长，这也可以看作是选人用人的评判标准。诸葛亮为刘禅精心选择有才能的官员，正是遵循这一原则，以使有能之士各司其职，各尽所能。

子产利而诱之用人才

春秋时期，子产担任郑国的宰相。他不但精通政治大事和治国之道，而且能够根据人的优点和缺点，扬其长，避其短，挖掘出最大的潜能。

伯石是个很有才华的人，但唯一的缺点就是重利益和爱面子，可子产仍然很重用他。一次，子产派遣伯石独自外出到别的国家办事。临行前，子产还没有交代任务，就问他：

“这次出去你任重而道远，要是完成得出色，我会重重赏赐你。你想要什么奖赏呢？”

伯石毕恭毕敬地回答说：“为大王做事是我应尽的义务，我愿意为您效忠，还谈什么赏赐呢?”

子产和蔼地笑着说：“有功即可受禄。事成之后，你就搬到西城街上的那幢富丽堂皇的房子里去住吧!”

伯石已经心有所动，但表面上仍然露出一丝难色，答道：“这样不太好吧，一来我还不知道能否完成任务，现在领赏别人会在背后议论；二来我现在的住处和那里相隔甚远，马上就要走了，一时也不能搬过去……”

子产打断他的话说：“这些都是无关紧要的事，你放心去办事，这些事情我会安排妥当的。”

伯石高高兴兴地走了，一旁的门生不解地问子产：“他身为大臣，为国家办事效劳是应该的，而且本身就拿了俸禄，您为何还要另外给他赏赐?更何况其他大臣从来没有这样的待遇，难道他有什么值得特别嘉奖的地方吗?”

子产回答说：“每个人的性格都是不一样的，我明白伯石这个人，他很看重利益。虽然表面上说得很好听，但那都是虚假之辞。每个人都有私欲，更何况是他！如果我给他一点利益，他就肯定会尽心尽力地办事，而且我相信他有这个能力!”

“但是你不满足他的私欲也不会有什么坏结果，毕竟那是他分内的事情!”门生还是不解。

“你这样想就错了!”子产回答说，“那样他只是因为畏惧大王的威严去办事，就算完成了，他也会心怀嫉恨。时间长了，说不定会做出什么坏事来。对于这种人就要利而诱之，才能激发他的能力，为己所用。”

伯石回来后，就住进了那座大房子里。子产又和郑王商量赐给他一座城邑，伯石乐不可支，但是又作势交回封地，子产也就故意收回。过了几天，又重新发布命令赏赐给他。如此这般三次，伯石才接受。

门生又好奇地问：“第一次不要就算了，要么一次就赏给他，为何还要这样推来推去?”

“我是故意这样的。他这个人虚伪，这样既显得他谦虚礼让，又满足了他的私欲，一举两得。”

子产知人善任，不仅没有因为别人的欲望和虚伪对其弃而不用，还利用别人的缺点，做到了人尽其用。由于子产对伯石的优点和缺点了如指掌，在他掌权时，伯石的地位始终没有超过他。

评析

“夫贤不肖、智愚、勇怯、仁义有差”，意思是说人的性格各不相同，所以对待各色人等的态度和方法也应灵活掌握。子产成功用人之处便是抓住了伯石的虚伪与好利，从而以利诱之，使其忠心为己做事。

管仲入情入理逐佞臣

齐桓公拜管仲为相后，齐国在管仲的治理下日益富强，管仲也被尊称为“仲父”。

不幸的是，他年事日高，身患重病。齐桓公专程去探望他，见到管仲病中的凄惨模样，不禁在一旁垂泪。

“恐怕我不久就要离开人世，再也不能为您效劳了。您也应该考虑一下选合适的人来填补相国的空缺之位。”管仲说。

“我这些日子也想过，只是不知道把国政交给哪一个才放心！您看鲍叔牙怎么样？”

鲍叔牙是管仲多年的朋友，也是他的恩人。听完齐桓公的话，管仲立即回答说：

“鲍叔牙这个人德才兼备，但是他不适合做相国。他对别人的过错和缺点深恶痛绝，一旦牢记在心，就久久不忘。作为相国没有虚怀若谷的胸襟怎么能与其他大臣和睦相处呢？如果这一点都做不到，又怎么能处理好国政呢？”

“那易牙可以吗？”齐桓公又说出一个名字。

管仲马上摇头，说道：“我正要提醒您呢，易牙、竖刁、开方这三个人千万不能用！”

桓公大吃一惊，问道："这是为什么？举国上下都知道他们三人对我忠心耿耿啊。"

"我也知道易牙为了表示对您的忠心，竟把自己的孩子杀了。但是所谓'道是平常心'，他这样超乎常情常理的举动，恐怕不是什么好事！"

"但是他爱我胜于爱子，对我仁至义尽，这还有什么值得怀疑的吗？"齐桓公还是有些不解。

"'虎毒不食子'，今天他能对自己的亲生骨肉下毒手，明天对您还有什么做不出来的吗？"

桓公又问："那竖刁呢？为了能侍候寡人，他阉割进宫，拿自己的身体回报我。这应该没有什么可以怀疑的吧！"

"这样的人如此狠心，连自己的身体都不爱惜，到关键时刻会不摧残君主您吗？"

桓公接着提起开方，问："他是堂堂卫国公子，却舍弃尊贵的地位，甘愿做寡人的臣子。人情莫亲于父母，他父母去世时，他忙于辅佐，我竟然没有回去奔丧。他对我的忠心日月可鉴，对他，我没有半点怀疑！"

"他舍弃富贵必定是想得到更多的富贵。您想想，一个人对父母尚且如此，还能指望他一心一意地回报他人的恩情吗？您不要一味地为特殊的言行感动，那些异于常情之举，必定暗藏企图！"

桓公觉得管仲所说的很有道理，于是把他的嘱咐铭记在心，渐渐疏远了易牙、竖刁、开方三人。

评析

"乃可揵，乃可阖；乃可进，乃可退；乃可贱，乃可贵"，意思是对所了解的人可以迎为上宾，可以拒之门外；可以利用，可以废黜；可以使其低贱，可以使其富贵。管仲在以平常心洞察出隐藏在齐桓公身边小人的险恶时，力劝其切不可重用易牙、竖刁、开方等人，所以后来桓公逐渐疏远了这三人。

阳动而行，阴止而藏；阳动而出，阴隐而入

阳动而行，阴止而藏；阳动而出，阴隐而入。阳还终阴，阴极反阳。以阳动者，德相生也；以阴静者，形相成也。

勾践卧薪尝胆终灭吴

春秋末年，各诸侯国争霸之际，吴、越两国兴起于今天的江苏南部和浙江一带，它们与楚国相邻。开始，吴国较强，越国较弱，两国素来不和。后来，晋国曾联吴制楚，而楚国则联越制吴，吴越两国更成了世仇。公元前496年，越王允常刚逝世，吴王阖闾乘机攻打越国，但由于时机不成熟，吴军被越国打败，吴王阖闾中箭受了重伤死亡。

公元前494年，吴王夫差为了报杀父之仇，发动兵马，向越国进攻。吴军在梅山之战大获全胜，越军被打得落花流水，几乎全军覆没，退守在会稽山。越王勾践后悔当初没有听范蠡的劝告而导致国破家亡，最后与众臣商议，决定跟吴王讲和。吴王提出一个条件，他要越王夫妇到吴国给自己当仆人。夫差的大臣伍子胥极力反对，要求他直接杀死勾践，以绝后患。但夫差有心要羞辱勾践，便拒绝了伍子胥的建议。勾践与大臣文种、范蠡经过一番谋划之后，答应携着妻子心甘情愿侍奉夫差。从此以后他们天天侍奉吴王，处处安分守己，时时小心谨慎，为吴王打扫马厩，执鞭牵马，甚至亲口尝夫差的粪便，来观察夫差的病情。夫差叹息道："勾践今日如此对我，这些是我宠信的大臣和儿子都做不到的啊！勾践对我的确忠心耿耿！"吴王感动之余，决定放勾践夫妇回国。

勾践回国以后，发愤图强，笼络群臣，教养百姓。十年卧薪尝胆后，越国的国力大大增强，他便等待时机讨伐吴国，以雪耻辱。勾践虽然报仇心切，但并未鲁莽行事，他时常对众人说："两国交兵，除将士有必死之心，

战马有一日千里之力外，后方补给是很重要的，许多国家征伐别国时，都是因为后方补给跟不上，才被迫撤离的。我军若与吴国交战，一战必胜还可，若成两军对峙，便不妙。所以欲灭其国，先灭其粮草，此乃上上之策啊！”于是，勾践趁吴使前来讨债要粮之际，便命令百姓将粟米蒸熟，然后来官府换取两倍的生粟米。百姓们见有利可图，都日夜不停地蒸粟米。几日后，勾践便派人将10万斛熟粟米交给了吴王，并称这种粟米最适合播种之用。吴王见米粒大而饱满，便相信他，命人拿去播种，可百姓播种后，却不见粟米发芽，吴国因此大闹饥荒。再加上此时的夫差狂妄自大，连年用兵，总想凌驾于各个霸主之上；而且他又迷恋酒色，贪图享乐；尤其是勾践把西施献给他以后，使他感到勾践对他仍是忠贞不渝，所以当伍子胥向他提出忠告时，反而引起了他的憎恶。最后夫差竟派人给伍子胥送去一把宝剑，逼得伍子胥自杀而亡。

公元前478年，越国趁机发动了对吴国的战争，越军获胜。公元前475年，越军围困吴国都城姑苏，整整三年使吴国军民无衣无食，纷纷逃离。吴王夫差见已是山穷水尽，忽然想起了前几天伯嚭曾经对他说过的话：“当年越王乞和存越，甚至不惜自身为奴，大王何不仿效呢？”于是就派人向越求和。勾践问各位大夫的意见。范蠡说：“我请大王不要忘记越国的经历。20年来，我们日夜想念的是什么？世代争夺的是什么？请大王好好考虑！”勾践接着说：“对，当年，老天爷把越国赐给吴国，吴国不取；如今，老天爷把吴国赐给了我们，我们岂能违抗天意而不取呢？请你转告吴王，我可以让他当个百家人的君主。”夫差绝望了，随即拔剑而起，仰天长叹：“我实在没有脸面去见伍子胥啊！”说罢，伏剑自杀而死。称霸一时的吴国，最终被越所灭。此后，越国曾强盛一时，越、楚之间也有过激烈的争夺。到战国时期，越国逐渐衰弱了。公元前306年，越国被楚国所灭。

评析

用捭阖之术来分析，勾践先运用的是阖术。他先是主动求和，保全了性命；而后忍气吞声在夫差膝下为婢为奴，在柔弱示之的情况下得到信任，被释放回国，从而取得了一雪前耻的最好机会；接着在暗中积蓄力量，又不露丝毫痕迹，以等待有利时机发动反击。在形势对自身有利后，便利用对方力量日渐削弱的时刻，再以“捭”术主动出击，从而取得了大胜。

张仪巧舌诡辩蒙楚王

公元前 314 年，齐宣王和楚怀王结成了联盟，声势很大。秦惠文王原计划去攻打齐国，但没有得逞。苏秦死后，“合纵”的局势并未完全改观，要想实行张仪的“连横”策略，非把齐、楚联盟拆开不可。于是，秦相张仪来到了楚国。张仪聪明过人，更兼巧舌如簧。他先找到楚王最宠信的大臣靳尚，又是送礼又是许愿，极尽拉拢之能事，然后去见楚怀王，表示秦王愿同楚王交好。

楚王直言不讳地说：“秦王一向霸道，总是向别人索取土地，不给就打，怎么交好？”

张仪说：“现在天下就剩下七个国家，其中又数齐、秦、楚最为强大。如果秦、齐联盟，齐国就比楚国强大；如果秦、楚联盟，楚国就比齐国强大，这就看您怎样选择了。现在秦王愿同楚国交好，还愿把商于一带的 600 里土地送给楚国，你何乐而不为呢？”

楚王是个目光短浅而又刚愎自用的人，一听说能得到商于之地 600 里，就很高兴地说：“如果能得到秦国的信任，削弱齐国的势力，更能得到 600 里的土地，我当然愿同齐国绝交。”

大臣们见风使舵，都纷纷拜贺，唯有客卿陈轸反对说：“齐、楚联盟，才使得秦国不敢攻打齐国或是楚国。秦国愿送 600 里土地给楚国，目的就是要拆散齐、楚之间的联盟。如果同齐国断了交，而张仪又背信弃义，不肯交出土地，那该怎么办？到那时，如果齐国和秦国再联合起来攻打楚国，楚国岂不是要灭亡了吗？大王不如先接受秦国赠送的商于之地，再去同齐国绝交，这样才能万无一失。”

三闾大夫屈原则当庭斥责张仪是个反复无常的小人，劝楚王万不可信张仪的谎言。大臣中只有勒尚已被张仪收买，主张接受张仪的意见。

楚怀王不辨忠奸，被眼前的蝇头微利所蒙蔽，听信了张仪和勒尚的话，一边派人去同齐国绝交，一边派逢侯丑跟张仪去秦国接收土地。

张仪工于心计，一路上同逢侯丑打得火热，使他坚信不疑。等到了咸阳城外，张仪略施小计，装作喝醉了酒，从车上掉下来摔坏了腿，让手下赶紧抬到城里去。从此一连三月，逢侯丑怎样求见都见不到张仪。逢侯丑无计可施，只得写信给秦王。

秦王答复说丞相应允的事他一定照办，但他不知楚国是否同齐国完全绝交，所以不能兑现张仪许下的诺言。

逢侯丑写信把这些情况如实地报告给了楚王。昏庸的楚王信以为真，居然派人去齐国大骂齐王。齐王十分恼怒，同秦王约定一起攻打楚国。

逢侯丑一直苦苦地守候在张仪上朝的必经之路上。一天，逢侯丑终于见到了张仪，张仪反而问道：“你为什么还在这里，难道还没有得到那块土地吗？”

逢侯丑说：“秦王说要等您病好了才能交割土地，现在请您和我一起见秦王，办理割地具体事宜。”

张仪这时才露出出尔反尔的真面目，他摆出一副若无其事的样子，吃惊地说：“为什么要见秦王？我要把我自己的 6 里土地交给楚国，不必告诉秦王。”逢侯丑此时才恍然大悟，责问张仪为什么表里不一。

张仪坚决地说：“秦国的土地都是靠将士的鲜血一寸寸地争夺过来的，岂可轻易送人，别说 600 里，就是 10 里也不行。我没有说过要把秦国的商于之地 600 里割让给楚国。”

逢侯丑一无所获地狼狈回家，把经过跟楚王一说，楚王恼羞成怒，立刻派屈阂为大将，逢侯丑为副将，率 10 万大军征讨秦国，发誓拿到张仪要食肉寝皮，以解心头之恨。

秦国听说楚国来犯，派魏章为大将进行抵抗。秦军本来军容整齐，军纪严明，战斗力强，又加上齐国派兵策应，轻而易举地打败了楚国。楚军伤亡惨重，连大将屈阂、副将逢侯丑都阵亡了，10 万人马只剩下 3 万人逃回楚国。韩、魏等国一见楚国失败，也趁机侵掠楚国的土地。

楚王走投无路，只好让屈原去齐国赔罪，让陈轸去秦国求和，并万般无奈地献上两座城池，这件事情才算告一段落。楚怀王不顾群臣劝谏，逞匹夫之勇，一心想杀张仪，居然恨到向秦国提出以黔中的土地来换张仪。秦国那些与张仪不和的人就鼓动秦王答应，认为以一个人换大片土地是占了绝大的便宜。秦王尚在犹豫不决，倒是张仪主动要求去楚国。张仪一到楚国就被扣押下来，楚怀王准备选个日子杀掉他祭祀祖宗。谁知张仪竟然买通狱卒，与靳尚取得了联系，并千方百计拉拢楚怀王的宠后郑袖，一起去迷惑楚怀王，劝他释放张仪。

楚怀王心无主见，居然答应了他们的请求，释放了张仪。就这样，张仪平安地回到了秦国。楚怀王的昏庸导致亡国的结局，秦国在张仪的策划下再次攻楚，并最终灭亡了楚国。

评析

“阳动而行，阴止而藏”，就是说要抓住有利的形势积极前行，当遇到不利的形势时就停止行动而隐藏自身。张仪便做到了这一点。他不失时机地采取捭阖之术来游说各方：先是以 600 里土地使楚怀王与齐国绝交，接着拖延时间，直到齐、楚两国断交后再露出本来面目。这两步可以说都是采取了守势，采取了“阖”术，见机行事。最后，当时机成熟时，就主动出击，采取“捭”术，灭掉楚国。

关汉卿装疯卖傻保性命

关汉卿的戏剧《窦娥冤》一上演，就受到了人们的普遍欢迎。由于戏剧无情地揭露了官吏的昏庸无道和贫穷百姓的艰辛困苦，因此老百姓争相传诵。但是当朝者却认为关汉卿蓄意诋毁朝廷，有所图谋，就下令通缉他，并四处张贴他的头像，要把他捉拿归案。

关汉卿得知这个消息后，决定立即离开这个危险的地方，暂时避一避风头。这天晚上，关汉卿正急着赶路，对面走过来几个巡夜的捕快。他想如果转身逃走，不仅会招来嫌疑，而且还可能落入他们的手中，便冷静下来，站在那里和对方斡旋。那几个人看他书生模样，行色匆匆，立即拦住他。

“这么黑的天到哪里去？干什么的？”一个班头模样的人厉声问道。

关汉卿看着眼前的情景，像在自言自语地说：“三五步走遍天下，七八人统领千军。”

班头一听答非所问，还有几分文气，而且口气不小。他本人特别喜欢戏剧，多少还懂一些，不甘示弱地说：“你以为我听不出吗？你是不是唱戏的？快说！别磨蹭！”

关汉卿不为所动，继续胡说一通：“或为君子小人，或为才子佳人，登台便见；有时欢天喜地，有时惊天动地，转眼即成空。”

其他的捕快有如听闻天书一般，直嚷嚷：“抓起来！抓起来！”

班头是个戏迷，平日也喜欢看关汉卿编演的戏，听到这些话语，顿生疑虑。他把灯火靠近关汉卿的脸一照，失声喊道：“我看你像……”

关汉卿急了，赶紧抢过话茬儿，笑嘻嘻地说：“你看我非我，我看我，我亦非我；我装谁像谁，谁装谁，谁就像谁。”

前后几番话都说到班头的心坎里了，人生不过就是一场戏。现在他已经确信面前的人就是关汉卿，但内心非常矛盾：“拿下吧，自己不忍心。关汉卿确实是戏剧大家，不仅自己喜欢，百姓对其也敬重有加，说不定因为捉拿了他，自己要臭名远扬；放过去吧，500 两的赏银可是一个不小的诱惑，说不定还要担当失职的罪名。”

在一旁胡言乱语的关汉卿很快就看穿了班头的心思，随口又吟出一句道：“台上莫逞强，纵使厚禄高官，得意无非俄顷事；眼下何足算，到头来抛盔卸甲，下场还是一般人。”

班头细细品嚼，悟出了其中的弦外之音。现在贪图一时之利，到头来功名利禄也是一场空，说不定没有好的下场，自己又何必呢？于是接着自己刚才的话，训斥道：“我看你神经有问题！”说完，一招手，对手下的人说：“我们走！不要在这个迂腐的书呆子身上浪费时间了！”一行人趾高气扬地走了，关汉卿算是躲过了一劫。

评析

根据本篇的捭阖之术来看：关汉卿成功运用了其中的方圆之道，在不利的形势下假装痴呆，而内心却特别清醒，以此达到麻痹对方的目的，从而使其放松对自己的警觉，而暗地里随机应变，等待时机寻找脱身之计。这种方法的关键是表演逼真，不露破绽，否则被对手识破就非常危险。

第二篇 反应术

原文

古之大化者，乃与无形俱生。反以观往，复以验来；反以知古，复以知今；反以知彼，复以知己。动静虚实之理，不合于今，反古而求之。事有反而得复者，圣人之意也，不可不察。

译文

古代用大道教化平民、指导万事的圣人，其作为都是与无形的自然之道（自然规律）相伴而生的。他们往往通过追溯既往的历史，然后再据此向前去推测未来；通过回首以往了解历史，然后再了解当今的形势；通过审视以了解他人，然后再据此认识自我。动静、虚实之理，若与当今的现实不符，就需要追溯既往的历史，去寻找控制现实的规律和方法。有很多事情，往往需要在反求于远古的探索中得到成功的启示，这就是圣人处理事情的见解，不可不认真地加以观察和研究。

原文

人言者，动也；己默者，静也。因其言，听其辞。言有不合者，反而求之，其应必出。言有象，事有比，其有象比，以观其次。象者象其事，比者比其辞也。以无形求有声。其钓语合事，得人实也。其张罝网而取兽也，多张其会而司之。道合其事，彼自出之，此钓人之网也。常持其网驱之。其言无比，乃为之变，以象动之，以报其心，见其情，随而牧之。己反往，彼复来，言有象比，因而定基。重之袭之，反之复之，万事不失其辞。圣人所诱愚智，事皆不疑。

译文

（就动静而言）别人在侃侃而谈，是动态的；而自己缄默不语、静心聆听，则是静态的。此时就要在静态中根据别人的言谈，来观察和分析出对方的真正意图。若听出其言辞有自相矛盾和不合情理之处，可以反过来诘难他，追问究竟，那么对方必定会有对应之辞，自然就会吐露真情。凡是语言，都有其可以模拟的形象，而事物也都有其可以类比的规范。既然其语言有可以模拟的形象，事物有可以类比的规范，就可以从中预见对方下一步的言行。所谓“象”，就是表现事物本质的表征；所谓“比”，就是言谈举止中的同类共性。要用无形的规律促使有声的语言表露出来（借助无形的逻辑技巧让道理变得明白易懂）。首先要引导对方通过言辞表露自己的想法，如果所言与事实一致，就可以从中得知对方的真实想法。这种方法就如同张开网诱捕野兽一样，要多设几处拉网的地点，汇集在一起形成一张大网，这样才能捕到野兽。如果将这个方法运用到实际中，引诱对方多说话，那么对方就会自投罗网，暴露出自己的真实意图，这就是钓人的网。我们应该经常用这种钓人的网去诱导对方，如果对方的言辞并不符合平常的规范，反映不了实际的情况，这时就需要应时而动，改变钓人的方法，要以形象的事物去感化对方，触动其感情，进而了解其真实思想，这样就可能使对方暴露出实情，从而根据对方的实际情况，控制他的思维。我们向对方的言辞提出反诘，对方做出相应的回复，如此循环往复，就有了模拟和类比，依此类推，便有了继续交谈、了解对方的基础。再经过反复推敲琢磨，观察验证，抛却其中妄谬的成分，那么所有的事物都会通过对方的言谈有所反映，而不会因语言失实而导致失败。若像圣人这样用各种不同的方法诱导智愚众人，所有的事情都会遂顺通畅，这是毋庸置疑的。

原文

故善反听者，乃变鬼神以得其情。其变当也，而牧之审也。牧之不审，得情不明；得情不明，定基不审。变象比，必有反辞，以还听之。欲闻其声反默，欲张反敛，欲高反下，欲取反与。欲开情者，象而比之，以牧其辞，同声相呼，实理同归。或因此，或因彼，或以事上，或以牧下。此听真伪、知同异，得其情诈也。动作言默，与此出入，喜怒由此以见其式，皆以先定为之法则。以反求复，观其所托。故用此者，己欲平静，以听其辞，察其事，论万物，别雌雄。虽非其事，见微知类。若探人而居其内，量其能射其意也。符应不失，如螣蛇之所指，若羿之引矢。

译文

所以，善于从反面听取他人言论的人，能通过鬼神般变幻莫测的方法诱导他人说出实情；能够采取随机变通谈话的方式，而且运用得当，就可以清楚地掌握实际情况，周详而有效地驾驭对方的思想，从而明察其真实含义。如果无法周详地掌握对方的情况，不能明察其言语的真实意图，那么得到的情况就不明确；得到的情况不明确，据以制定决策的基础也就不坚实、不周密。如果我们在谈话中改变了事物的表象和事理的类比，那么对方必定会有相应的问难和辩驳的言辞，此时我们就应该平静地听取对方的言谈，以观察其真实情况和意图。所以想要倾听对方的言论，自己就得先保持沉默；想要对方敞开心扉，吐露实情，反而需要先缄默、收敛；想要居高，反而需要先处于低势；想要从对方那里获取，反而需要先给予。由此而论，如果想让对方敞开情怀，吐露真言，就要先用形象的模拟和比喻去诱导他，以便把握对方的言辞，以产生共鸣，这样真情实理就会归我掌握，双方也能因相同的观点而彼此接纳。对方所谈的事情，有的因此而发端，有的因彼而产生，有的可用来侍奉君上，有的宜用来统御臣下。根据以上不同的情况，方可辨别真伪，比较异同，得到真实或者伪诈的情形。我们的行动、运作、言语、沉默，都要根据所掌握的情况做出反应，欢喜与愤怒的方式和程度应据此做出决定。总之，行动、运作、言语、沉默、欢喜、愤怒都应该根据事先所掌握的实情来确定实行的规则。用主动试探的方法求得对方的反应或答复，借以观察对方心理情感的依托。知人的关键在于了解其内心的情感，所以要运用这种策略。听取他人讲话的原则是，自己首先要平静下来，以便专心听取对方的言辞，进而分析事情的原委，论说万物的道理，辨别事物的真伪异同。

即使所谈的内容并不是实际的信息，甚至无关紧要，但是仍可以从细微的征兆中探知重要的信息。这种做法就像为了探知对方的情况而深入其内部一样，首先要通过分析对方的能力，再进一步探测其行动意图。通过这种策略所得到的情况，就会像符一样应验无误，像螣蛇预示祸福一样丝毫不差，像后羿射箭一样百发百中。

原文

故知之始己，自知而后知人也。其相知也，若比目之鱼；其伺言也，若声之与响；其见形也，若光之与影也。其察言也不失，若磁石之取针，如舌之取燔骨。其与人也微，其见情也疾。如阴与阳，如阳与阴；如圆与方，如方与圆。未见形圆以道之，既见形方以事之。进退左右，以是司之。己不先定，牧人不正。事用不巧，是谓“忘情失道”。己审先定以牧人，策而无形容，莫见其门，是谓“天神”。

译文

所以，了解别人要从认识自己开始，只有先认识自己，然后才能更好地了解他人内心的想法。若能如此，那么与对方的相互了解，就如同比目鱼的两目一般没有距离，彼此明晰可见；掌握对方的言辞，就如同声音和回响一样契合无误；从外形观察对方，就如同光和影子一样准确细致。研析对方言论中的真意，就如同磁石吸针一样没有差失，如同舌头吸取骨汁一样游刃有余，万无一失。这样与对方交谈，不用过多的言辞，暴露给对方的也就微乎其微，就可以非常迅速地洞悉对方的真实意图，就如同阴阳转换一样彼此渗透，方圆交替一样运用自如，相辅相成。在对方的基本情况尚未明晰之前，就应该用圆融的道理诱导对方；待基本情况明朗之后，就应该用方正的道理去劝服对方，助其成就大事。用人之道，不论升迁、黜退、贬左、崇右，都应该灵活运用上述道理。如果不首先确定方圆进退的策略，那么就无法掌控全局，管理别人。如果做事不掌握法则技巧，就叫作“忘情失道”(不考虑实际情况，不遵循事物发展的规律)。自己首先确定周密详细的行动策略，再依此驾驭对方，就能在不暴露意图的前提下，于无形之中驱策众人以达到成功，而对方尚不知其门道所在，这样方可称为“天神”。

智慧总结

反应术可以说是捭阖术的更进一层。捭阖篇多谈到游说的种类和方法，简略地阐述了适用的环境变化，而本篇的反应术则更为全面、辩证，它需要运用者有更加灵活多变的头脑，要善于把握说话的技巧。明进退之道，当刚则刚，当柔则柔，能直能屈，能进能退，刚柔并济，进退自如，这些都可以说是反应术中技巧性的方法。

运用反应术要重点掌握以下几个方面：

一是知己知彼，百战不殆。了解别人的最好方法是从了解自己开始，因为人是有共性的，了解了自己，就可以用类似的方法去了解他人，把知己和知彼结合起来，便是反应术的最高境界。二是博学多识，随机应变。不了解对方，要学会投石问路；了解了对方，要善于察言观色，学会在各种情况下采取行之有效的对策。三是刚柔并济，张弛有道。刚愎自用之人，多是吃软不吃硬，以柔弱示之反倒有可能达到理想效果。该张扬时就要把才华显露出来，以便得到重用；该收敛时就要保持沉默，以免因狂妄而招来灾祸。

本篇提及了说客在运用“反应术”中常用的几种技巧：知己（知己知彼）、钓语（设饵钓鱼）、张网（张网捕鱼）等，具体说起来有投石问路、欲擒故纵、打草惊蛇等技巧。

以无形求有声。其钓语合事，得人实也

以无形求有声。其钓语合事，得人实也。其张罝网而取兽也，多张其会而司之。道合其事，彼自出之，此钓人之网也。常持其网驱之……圣人所诱愚智，事皆不疑。

郑庄公设计擒太叔

周朝末，郑武公娶申侯之女姜氏为妻，生两子，长子叫寤生，次子叫段。因寤生出生时难产，姜氏很讨厌他；次子段长得气宇轩昂，很得姜氏宠爱。

姜氏时常在丈夫面前说长子的坏话，赞扬次子能干，劝他改立段做继承人。

郑武公却说："长幼有序，不可紊乱，况寤生又无过失，依情依理，说不过去！"即立寤生为世子，只以一个小小的共城（今河南辉县）给次子为食邑。

及至郑武公去世，世子寤生即位，为郑庄公，袭父职为周朝卿士。姜氏见到次子屈居在一个小城，毫无权威，心里十分不悦，便对郑庄公说：

"你今日继承了父业，但段只有几百里土地，看到同胞的弟弟困守在一个偏僻的小城里，你于心何忍？"

郑庄公说："母亲的意思要怎样？"

"那还用说？"姜氏一副教训的口气说，"当然是给他一个大城了，把制邑封给他吧（即河南汜水县）！"

郑庄公告诉她说："制邑是一个险要地方，父亲遗命是不能封给任何人的。除了这个地方之外，什么地方都可以！"

"那么把京城（即河南京县）封给他亦可！"姜氏说。

郑庄公听此一说，默不作声，沉思起来，不表示同意，也不反对。

姜氏生气了，把袖子一拂，悻悻地说："你再不同意的话，那把你弟弟赶出国去好了，落得干干净净！"

"不敢，不敢！"郑庄公连声告罪，"孩儿遵命。"

第二天，郑庄公上殿，宣布封段于京城。大夫祭足上前启奏："不可！天无二日，民无二主。京城是一个险要之区，地广人多，其政治军事价值不下于皇城。何况段是夫人爱子，若以大邑封给他，无形中有了两个国君，一旦他恃宠生娇，后果真不堪设想！”

郑庄公无可奈何地说：“不要说了，这是母命！”遂封段于京城。

段在走马上任前，入宫向母亲辞行。姜氏屏退左右，暗地告诉段：“这次封邑是很勉强的，将来一定会变卦，你应及早打算，到京城之后，要聚兵积粮，时刻准备着，一旦有机可乘，我会给你做内应，只有推倒了寤生，才慰我平生之愿。”

段领命出城，趾高气扬地去赴任。即位视事之日，附近的西鄙和北鄙的首脑都来庆贺。太叔段对二人说：“你两人管辖的，属于我的封地，此后，所有收税进贡，都要到我处交纳，军马也要听我指挥，不得违误！”

两人已知道太叔段是国母的爱子，有希望做国君，又见他气宇轩昂，人才出众，自然不敢违抗，乐于听命。

从此，太叔段积极训练军队，扩充编制，借故侵袭鄢邑及廪延两地，属地一天天地扩大，实力一天天地增强。

情报人员把此事奏报郑庄公，郑庄公笑而不答。有一位官员高声大叫：“可速诛太叔段！”

郑庄公抬头一看，原来是上卿公子吕，便问：“卿家有何高论？”

公子吕说：“从来被封子不能过问军事，有拥兵自重的必杀无赦。今太叔段内挟母后之宠，外恃京城之固，日夜谈兵练武，不是想篡位是什么？请授权给我，率兵征讨，以除后患！”

“但段未见有反叛行动呀！”郑庄公答。

公子吕愤愤地说：“今两鄙被收，廪延被取，这不是叛变行动？国家土地，岂可以被蚕食下去！”

郑庄公笑起来，说：“段是母后爱子，是我的弟弟，宁可失地，不可伤兄弟之情，拂母后之意！”

公子吕复进一步说：“我不是怕失地，实怕失国。今人心已惶惶惴惴，见太叔段势力日强，都存观望态度，若再容忍下去，怕一发不可收拾。主公今日容得太叔段，将来太叔段未必容得主公！”

“不得乱说！”不等公子吕说完，郑庄公愤然制止他，说，“我会设法感化他！”立即起身退廷。

公子吕出外，对祭足说：“主公念及宫闱私情，忽略了国家大计，我为此很担心。”

祭足告诉他：“主公是一个足智多谋的人，断不会忽略这点，不过在大庭广众里，不便泄露，你是他的亲戚，不妨私自去见见他，一定会把真心话问出来的。”

公子吕听了他的指示，乃入宫去见郑庄公，郑庄公问他有什么事，公子吕便说：“我就是为了刚才在朝廷上说过的那件事再来拜请。主公当日继承王位，大家都知道并非国母的意见，她是属意太叔段的。今日太叔段的横行嚣张，必然是一种夺权阴谋，万一内外合谋，发动政变，恐怕——”

郑庄公说：“此事闹起来，怕碍着国母面子呀！”

“岂不闻周公诛管蔡的事吗？当断不断，反受其乱，到那时，后悔都来不及了！”公子吕说。

郑庄公忽然长叹一声，说：“唉！这件事我早已想到了。段虽然有夺权阴谋，却没有公开叛变行动，如果我把他镇压了，国母必会从中作梗，又惹外人议论，说我没有兄弟情义，骂我不孝！我现在只是装聋作哑，任他所为，等到他真的有叛变行动时，就可以明正其罪了。”

公子吕才恍然大悟，说：“主公远见，非臣所及！但恐怕日复一日，促成他势力庞大，便会尾大不掉了。不如及早设法挑他起来，使他提前暴露，及早镇压便了。”

这话正中郑庄公下怀，郑庄公连忙问：“计将安出？”

公子吕再详告：“主公未入周朝已久，无非因为太叔段的缘故，现在不如乘机说要入朝去见周天子，故意引他起事，带兵前来，我却预先伏兵在京城附近，待他出动，便乘虚而入占领他的根据地，然后主公返师进攻，那时他飞也飞不出去了。”

郑庄公听说，点头称善：“好计，好计！”

公子吕辞出宫门，才暗叹一声：“祭足可谓料事如神了！”

次日早朝，郑庄公假传一道命令，要大夫祭足代理国政，自己朝见周天子去。

姜氏得此消息，认为机会已至，便秘密派人带信给太叔段，约他在五月初起兵袭郑。

这时是四月下旬，公子吕早已先差人伏于要道，把那个带信的人杀了，将信送给郑庄公看，郑庄公说："自作孽的人，必会自食其果的！"便另遣心腹假称姜氏亲信，把信带交京城，并得太叔段回信，说及决定在五月五日起事，并要于城楼竖起一面白旗，以便接应等语。

郑庄公得书大喜，说："证据在此，看你还有什么话说！"

他立即入宫辞别母亲，说要入朝谒见天子，姜氏也敷衍几句好话。

郑庄公率领仪仗队，浩浩荡荡地朝廪延方向慢慢前进。这时公子吕已部署好伏兵在京城附近，专等猛虎离山。

太叔段自得了姜氏密报，立即准备，他派儿子公孙滑到卫国去借兵，自己便动员所有属军，托言郑庄公出国，要前往监政。于是祭旗犒军，得意扬扬地朝皇城进军。

这时，公子吕的便衣队已混进京城，见太叔段的军队已经出动，便在城楼放起火，城外伏兵，一见信号，立即杀进去，占领京城，出榜安民，揭发太叔段的阴谋。

太叔段率军行到路上，就得到京城失陷的消息，心慌意乱起来，即命回军，屯扎城外，准备反攻。

可是军心开始动摇了，士兵纷纷交头接耳，议论纷纷，都说太叔段心怀不轨，要篡夺朝政。原来公子吕已派密探混入军营，散布消息，顷刻间一传十,十传百，整个军营都哄闹起来，一夜之间，军队散去大半。太叔段着了慌，便率领残兵，跑到鄢邑去，想再行招兵买马，重整旗鼓。

不料，郑庄公早已占领了鄢城，此路已行不通，太叔段不得已又跑回自己过去的封地共城去闭门自守。但郑庄公和公子吕的追兵逼近了，区区一个小城，无险可守，怎挡得了这两路大军夹击呢？这时他已感到面临绝路，叹道："都是母后害死我了，我有什么面目再见兄长呢？"遂自刎而亡。

郑庄公搜出了姜氏和太叔段的来往密信，使人带回郑国，叫祭足转交姜氏，并送她去颖地安置。姜氏看了信件，羞惭无措，自觉无颜与庄公见面，即刻离宫搬到颖地去了。

评析

郑庄公明知太叔段早有谋反之心，却佯装不知，以免被姜氏抓住把柄，反咬一口。于是便采取了引蛇出洞的钓术，以朝见周天子为名设下圈套，等待太叔段起兵反叛，然后便可名正言顺地除掉太叔段。

张仪巧言应变留楚国

战国时期，张仪以客卿的身份居留在楚国。起初楚王对他非常友好，但后来对他越来越冷淡。张仪心想：这样下去，恐怕有朝一日自己在楚国就没有立锥之地了。不久，张仪想出了一个计谋，于是他满怀信心地去拜见楚王。

张仪毕恭毕敬地对楚王说："最近，我在这儿没有什么用处，只是白白地浪费您赐予我的俸禄，我想到魏国去，不知大王意下如何？"

楚王听后，漫不经心地说："既然你主意已定，我也就不苦留你了。"

张仪见楚王没有挽留之意，并不失望，接着说："为了答谢您对我的知遇之恩，等我到了魏国，只要您想要的东西，我会竭尽全力得到，给您送过来。"

"我各种宝物应有尽有，黄金、宝石、象牙也不足为奇，想必魏国也没有什么值得我羡慕的东西。"楚王傲慢地说。

"不过据我所知，魏国美女如云，个个貌似天仙！"

楚王听了张仪的一番鼓动，不觉心有所动，于是靠近张仪说："我早就听说魏国美女妙不可言，只是从未见过。好吧，我就要美女。"说完，赏赐张仪一箱黄金作为盘缠。

这个消息很快就传到楚王王后南后和侧室郑袖的耳中，她们非常担心魏国美女来了之后和自己争宠。两个人正在着急，一时却又想不出好办法，于是派人给张仪送去一盒珠玉，说是张仪要离开楚国，王后送来的礼物。

临行前，楚王设宴款待张仪，大方地说："现在战乱纷纷，道途艰辛，今天特意为你饯行，还期望你能给我送回几个美女。"

在送别宴上，张仪见楚王有了几分醉意，突然说："王宫上下都说楚王您宠爱的两个女子仪态万千、貌若天仙，她们素日对我不薄，今日一别，不知什么时候才能回来，我想借您的美酒向她们表示我的敬意……"

楚王笑着说："这个好说！"随即让南后和郑袖进来。

张仪一见二位女子到来，就跪在楚王面前说："请饶恕我吧，我犯下了欺君之罪！我曾对您说魏国多美女，现在一睹眼前两位美女，可见还是王宫美女多啊！我又怎么能找到比王后和郑袖更漂亮的女子呢？"

楚王听后，得意扬扬地说："无罪，无罪！起初我就料到肯定没有比她们更漂亮的女子。我想魏国的女子也没什么过人之处，你也不用去为我找美女了。"

一旁的南后和郑袖听了张仪对自己的一番赞美，喜不自禁，极力在楚王面前为张仪说好话。最后张仪又在楚国王宫里留了下来，而且重新获得了楚王南后和郑袖的信任。

评析

张仪不愧为战国时期最有名的说客之一，他反应之敏捷、头脑之灵活，实非常人可及。在这个故事中，张仪成功地运用了钓语：先以离开楚国来观察楚王的态度，后以寻求美女把楚王"钓"到了自己张开的网中，接着在有利时机献上自己的奉承话，不仅博得了南后与郑袖的欢心，也最终得到了楚王的信任。真可谓一箭双雕。

诸葛亮调虎离山败魏军

公元 234 年，诸葛亮领兵伐魏，六出祁山。魏明帝曹睿闻报，命司马懿为大都督，领兵 40 万至渭水之滨迎战。司马懿屯大军于渭水之北，命先锋夏侯霸、夏侯威领兵5万渡河至渭水南岸扎营，又在大营后方的东原筑城驻军，进可攻，退可守，稳扎稳打，务使魏军立于不败之地。

诸葛亮深知，自己最根本的弱点是远离后方，粮草困难；他同时也深知司马懿正是看准了自己这一点，并设法使蜀军断粮，从而困死或逼蜀军撤退，然后乘机取胜。于是诸葛亮便将计就计，在粮草上设诱饵，以此引“他”离山。

首先，诸葛亮分兵屯田，与当地百姓一起就地生产粮食，以供军需，摆出一副持久作战的架势。果然司马懿的长子司马师沉不住气了，他对司马懿说：“现在蜀兵屯田，作持久战的打算，怎么办？何不约诸葛亮大战一场，以决雌雄！”司马懿虽说“我奉旨坚守，不可轻动”，心里其实非常着急。

诸葛亮的另一个措施就是自绘图样，命令工匠造木牛流马，长途运粮，蜀营粮草由木牛流马源源不断地从剑阁运抵祁山。司马懿闻报大惊：“吾所以坚守不出，是因为他们粮草不能接济。今用此法，必久不思退。怎么办呢？”

诸葛亮料到司马懿急于破坏蜀军屯田、运粮计划，于是进一步引他上钩。他一方面在大营外造木栅，营内掘深坑，堆干柴，还在营外周围的山上虚搭窝铺草营，造成蜀兵分散结营与百姓共同屯田屯粮而大营空虚的假象，引诱魏军前来劫营；另一方面在上方谷内两边的山坡上虚置许多屯粮草屋，内设伏兵，同时让士兵驱动木牛流马，伪装往来谷口运粮。而他自己则离开大营，引一支军马在上方谷附近安营，以引诱司马懿亲领精兵来上方谷烧粮。

司马懿虽烧粮心切，却极为谨慎小心，深恐中调虎离山之计，也用声东击西、调虎离山之计来应对。他亲领魏兵去劫蜀兵祁山大营，但一反过去每战必让主攻部队走在前面的惯例，让部将冲锋在前，直扑蜀营，自己在后，引军接应。他这样做，一是担心蜀营早有准备，怕中埋伏；二是他指挥魏军劫蜀军大营本属佯攻，目的是调动蜀军各营主力，趁机自领精兵奇袭上方谷，烧掉蜀方的粮草。

然而，司马懿的这个调虎离山计，却被诸葛亮料到。当魏军直扑蜀军大营时，诸葛亮只是安排蜀军四处奔走呐喊，虚张声势，趁司马懿离山之机，另派精兵夺取渭水南岸的魏营，而自己却在上方谷等待司马懿来烧粮，以便瓮中捉鳖。

司马懿果然中计。他见蜀军都奔大营救援，便趁机领司马师、司马昭及一支亲兵杀奔上方谷。接着司马懿被蜀将魏延依诸葛亮的安排，用诈败的方法诱进谷中，被截断谷口。一时山谷两旁火箭齐发，地雷突起，草房内干柴全都着火，烈焰冲天。眼看司马氏父子就将葬身火海，幸亏突来的一场倾盆大雨，才救了他们父子三人及少数亲兵的性命，司马氏最终只得大败而归。

评析

钓术的运用也可以看作是引诱法的使用。其特点就是利用不利的天时、地利等条件困扰敌人，用人为的方法诱惑敌人，因为自己主动进攻有危险，诱敌来攻则对己有利。

在这个战争故事中，司马懿原本决定深沟高垒、坚守不出，结果却仍被诸葛亮“钓”下山；本想用计烧掉蜀军粮草，却反中了诸葛亮的“调虎离山”计。

故知之始己，自知而后知人也

故知之始己，自知而后知人也。其相知也，若比目之鱼；其伺言也，若声之与响；其见形也，若光之与影也。

叔詹知己知彼智退敌

公元前666年，楚文王去世，王后息妫是一位倾国倾城的美人，楚文王的弟弟公子元想讨好嫂嫂，得到美人的欢心，于是在息妫寝宫附近的馆舍中日夜歌舞。息妫知道公子元的用意，感叹道：“我的丈夫文王，问军事，未曾向国外扬威，致使声望日下。公子元身为令尹，不奋发图强，重振国威，却沉醉于靡靡之音中，真令人担心！”息妫的话传到公子元耳朵里，公子元想讨好嫂嫂，决定率领大军去攻打邻邦郑国。

郑国兵力远不及楚国。面对来势汹汹的侵略军，郑文公惊慌失措，急忙召人商讨对策。叔詹不慌不忙地说：“从前，楚国出兵，从未有这么大规模。据我所知，公子元这次出兵，不过是讨好他的嫂嫂，没有什么其他目的。楚兵若来，老臣自有退兵之计。”

不久，楚军先头部队直抵皇城。叔詹下令军队埋伏在城内，大开城门，街上商店照常做买卖。百姓来来往往，熙熙攘攘，秩序井然，毫无紧张气氛。楚军见到这番情景，出乎意料，料定城中早有防备，是在故意诱敌深入。他们满腹狐疑，不敢贸然杀进皇城，下令就地扎营，等候主帅的指示。

公子元率领大部队赶到，大吃一惊，见城内秩序井然，似有埋伏，心里踌躇。他想到郑国与齐、宋、鲁有盟约，眼下城内有埋伏，万一不能取胜，齐、宋、鲁援军一到，前后夹击，楚军失利，脸上无光，嫂嫂会瞧不起自己。再说这次出兵，已攻下几个地方，几天之间，就打到郑国都城，也算是打了胜仗，目的已经基本达到，还是见好就收吧！

于是，公子元连夜班师回国，又怕郑军追击，命令所有营帐保持原样，遍插旗帜，也想摆一个空营计，疑惑郑兵。

次日，叔詹登城遥望楚营，一会儿，便高兴地叫道：“楚兵撤走了！”众人都不相信，叔詹指着远处说：“凡是军队驻扎的营地，必定击鼓壮威，以吓骇鬼神。你们看那里有飞鸟盘旋，证明军营里连一个人也没有了。我料定楚军怕齐国援军赶到，被内外夹击，于是连夜撤走，还摆下一座空营来迷惑我们。可惜，公子元会摆空营计，却识不破我的空城计！”

评析

空城计采用的是一种心理战术，使用的关键是要清楚地了解并掌握敌方将帅的心理状况和性格特征。敌方指挥官越是小心谨慎多疑，所得的效果就会越好。这种方法多是在兵力不足的情况下所采取的一种应急措施，如果被敌人识破，敌军乘虚而入，就会变得非常危险。

司马熹左右逢源得所求

战国时，中山王宠爱着两个贵妃阴姬和江姬，她们明争暗斗，都想做王后。

有一位名叫司马熹的谋臣，很有谋略，揽钱手段也相当高明。他看出两妃争宠的情形，想趁机敲她们一笔，便暗中使人去致意阴姬，告诉她："要做王后不是开玩笑的，争得到手，自然掌有权威，贵甲天下，傲视全民；万一失败呢，那就危险了，自己的性命保不住不算，还要祸延家族哩！所以，不争则已，要争则必须胜利。如果想成功的话，就得去请教司马熹先生！"

阴姬一听，果然心动，便亲自秘密地去请教司马熹。司马熹便使足干劲，鼓其如簧之舌，说得她频频点头，千恩万谢地说："如果事情成功的话，一定重谢！"并且先孝敬司马熹一笔茶资。

于是，司马熹即刻上书中山王，告诉他有一个计划可使本国强盛，邻国衰弱。

中山王很感兴趣，满脸堆笑地问他："我非常欣赏你这个建议，要怎样做才行呢？"

司马熹说："我先要亲身去赵国跑一趟，名为访问，实则暗地侦察赵国的险要地方和风土人情，了解它的政治和军事动向，这样回来才可以制定出一个详细计划，所谓知己知彼，才能百战百胜！"

中山王听了又送给他一份礼，打发他去赵国访问。

司马熹见到了赵王，公事完毕，在私谈间便对赵王说："听说贵国是出产美人的地方，但我到这里已经几天了，总看不到哪一个算得上非常漂亮。老实说，我的足迹遍天下，也见过无数女人，总觉得没人比得上我国那位阴姬，不知道的，还以为她是仙女下凡哩！她的美，不是笔墨所能描绘出、语言所能说得出的，她那高贵的仪态，简直可以胜过母仪天下的王后！"

赵王听后怦然心动，忙问："可不可能把她弄到这里来？"

司马熹故意把话锋一转："我只不过随便说说罢了，至于大王意图怎样，弄不弄得到手，我可不能参加议论，阴姬虽是妃子身份，却是国君所宠爱的。这些话，请千万不要传开去，否则要杀头的。"

赵王奸笑一下，表示非达到目的不可。

司马熹回到本国，报告给中山王的却是："赵王没有道德观念，不知仁义，开口讲打，闭口讲杀。还有，我听到一个可靠的消息，说赵王正在暗中设法想把大王的宠妾阴姬弄过去呢！"

"岂有此理！"中山王不听犹可，一听则怒骂起来，"赵王竟把脑筋动到我头上来了！可怒也——"

"大王！请冷静一点。"司马熹说，"从目前形势来看，赵国比我国强盛，打是打不过他。赵王要索取阴姬，实在没有办法不给。不给马上就亡；要给，一定被人耻笑，笑大王懦弱，连自己的爱妃都会送人！"

"那怎么办？"中山王虽然心头有一股无名火，但此时也不能不低头请教司马熹了。

"照我看，"司马熹从容不迫地说，"只有一个办法才可以避免，就是大王立即册封阴姬为王后，断了赵王的邪念。在此之前，从没有谁敢要别国王后做妻子的，就是想要，也为列国摒弃，骂作禽兽！"

"很好！"中山王转怒为笑，说，"就照你说的办法去做！"

因此，阴姬便很顺利地做了王后，赵王也死了心，司马熹不用说，已是王后娘娘的大恩人，地位和金钱自然更有保障了。

评析

了解了对方的喜好与性格特点后，便可投其所好地施展游说之法，或利诱，或奉承，或蒙蔽等。司马熹首先从阴姬想做王后开始设计，而后采用了出使赵国这一虚招，其目的便是为阴姬在中山王心中赢得好感，为使阴姬登上王后宝座作铺垫。最后，在中山王盛怒的情况下说出心中的计谋，圆了阴姬的梦想，也使自己得到了荣华富贵。

诸葛亮欲擒故纵收孟获

公元 225 年（蜀后主建兴三年），少数民族首领孟获起兵 10 万反蜀，建郡太守雍闿、群舸郡太守朱褒、越窗郡太守高定相继投降，声势甚大。蜀丞相诸葛亮奉旨起兵 50 万南征。在智破三郡叛军之后，大军继续向泸水（川滇边境）挺进。适逢马谡奉后主之命前来劳军。

诸葛亮久闻马谡才智超群，便虚心问计。马谡说："愚有片言，望丞相察之。孟获恃其地远山险，不服久矣。虽今日破之，明日复叛。丞相大军到彼，必然平服；但班师之日，必北伐曹丕；孟获若知内虚，其反必速。夫用兵之道，攻心为上，攻城为下；心战为上，兵战为下。愿丞相但服其心足矣。"诸葛亮很赞同马谡的见地，更坚定了使孟获心服的决心。第一次两军对阵，孟获战败，为蜀将魏延活捉。诸葛亮问他是否心服，孟获说："山僻路狭，误遭汝手，如何肯服？你放我回去，整军再战，若再被擒，我便肯服。"诸葛亮当即下令放了他，并给他衣服、鞍马、酒食，派人送他上路。第二次诸葛亮派马岱夜渡泸水，断了敌方粮道，孟获被部将董荼那、阿会喃等缚送蜀营。诸葛亮对孟获说："你前次说，若再被擒，便肯降服。今日如何？"孟获说："这次是我手下人自相残杀，以致如此，如何肯服？"

诸葛亮又将他放了，并领他参观蜀军营寨，而后亲自将他送至泸水边，派船送回。孟获第二次被放回本寨后，首先将部将董荼那、阿会喃杀了，然后与其弟孟优商议以假降方式夜袭蜀营。诸葛亮将计就计，第三次将孟获活捉。但孟获仍然不服，他说："这是因为我弟贪杯，误喝了你们的毒酒，并非我没有能耐，如何肯服？如果你放我兄弟回去，我们收拾兵马和你大战一场，若再被擒，方肯死心塌地归降。"

诸葛亮第三次又将他放了。孟获愤怒地回归本寨，派人带上金银珠宝向多部落借得精兵数十万，一路杀气腾腾，来战蜀军。诸葛亮避其锋芒，领军退至西洱河北岸扎营，然后派精兵暗渡至西洱河南岸，抄了孟获军队后路，第四次将孟获活捉。诸葛亮怒斥孟获："这次又被我擒了，还有何话可说？"孟获说：“我误中诡计，死不瞑目。”

诸葛亮声言要斩，孟获全无惧色，要求再战，诸葛亮只得再次将他放了。孟获回去后，又聚集数千名士兵躲入秃龙洞，与该洞洞主朵思凭借险山恶水，据守不出。诸葛亮走访当地老人，寻得解毒甘泉和可辟瘴气的薤叶芸香，避过毒泉恶瘴，引军由险径直取秃龙洞，第五次擒得孟获。但孟获仍不服，并说：“我祖居银坑山，有三江之险，重关之固，你若能到那里擒我，我便子子孙孙倾心服侍。”诸葛亮只得第五次将他和孟优、朵思等人放了。孟获连夜奔回银坑山老巢，又请来八纳洞洞主木鹿率 3 万驱兽兵助战。诸葛亮破了孟获之妻祝融夫人的飞刀，布假兽战胜木鹿的兽兵，识破孟获妻弟带来洞主假缚孟获夫妻献降诡计，第六次生擒孟获。但孟获说：“这次是我等自来送死，不是你们的本领，如第七次被擒，则倾心归服，誓不再反。”孟获回洞后，采纳妻弟带来的洞主的建议，从乌戈国请来 3 万刀箭不入、渡水不沉的藤甲兵，屯于桃花渡口。诸葛亮设疑兵，一步一步地将藤甲兵诱入预伏干柴、火药、地雷的盘蛇谷，堵住前后谷口，纵烈火将乌戈国的 3 万藤甲兵烧了，第七次生擒孟获。诸葛亮令人设酒食招待孟获夫妇及其宗室，叫孟获回去再招人马来决战。这一次，孟获却不走了，并说：“七擒七纵，自古未有。我等虽然是化外之人，难道就如此没有羞耻吗?”于是领各洞兵民诚心归顺。诸葛亮命孟获继续为王，所夺之地，尽皆退还。蜀军班师，孟获亲自送诸葛亮渡过泸水。后来孟获仕蜀，官至御史中丞。终蜀之世，西南方一直太平无事。诸葛亮七擒七纵，“纵”的是孟获其人，而最终“擒”得的是西南方百姓的心。精诚所至，金石为开。从此，蜀国有了一个巩固的后方，诸葛亮可全心致力伐魏了。

评析

七擒七纵后降服孟获，与其说是比计谋的高明，倒不如说是一种持久而有耐心的攻心战术。其成功运用的关键便是诸葛亮深入了解了孟获的性格及其实力，确认自己有必胜的把握，才多次放过孟获，以使其最终心服口服归顺蜀国。从表面看，擒与纵好似一对矛盾，但实际上是一种因果关系，纵只是手段、方法，而擒才是最终的目的。用暂时的放弃换来更有效果的收获，从这一点看，两者是相辅相成、相互转化的，如果“纵”运用得恰到好处，便可转化为“擒”。

第三篇　内揵术

原文

君臣上下之事，有远而亲，近而疏，就之不用，去之反求。日进前而不御，遥闻声而相思。事皆有内揵，素结本始。或结以道德，或结以党友，或结以财货，或结以采色。用其意，欲入则入，欲出则出，欲亲则亲，欲疏则疏，欲就则就，欲去则去，欲求则求，欲思则思。若蚨母之从其子也，出无间，入无朕，独往独来，莫之能止。

译文

君与臣上下之间的关系是很微妙的，有的貌似疏远而实际上关系却非常亲密，有的看似非常亲近而实际上却各有心思、彼此疏远，主动谋求职位的却不被任用，而那些离去无所求的反而被召请，受到重用。有的臣子每日都能晋见国君却仍旧得不到赏识和重用，而有的臣子与国君距离遥远，但是君王只要听到他的消息，就会起重用之意。归根到底，出现这种情况是由于性情投合，从平日的交往中建立了感情基础的缘故。君王与臣子的结交，有的是以道德为纽带，有的是以同道朋友的方式交往，也有的以钱财货利换取君王的宠信，还有的则是投君王之所好，以美色相赠。虽身为臣下，只要明确君王所喜所好，那么无论是在朝为官，还是退隐山林，或亲近，或疏远，或有所就，或有所去，或有所求，或有所思，都可以遂心如愿。这样他们之间的关系就如同母蜘蛛完全依从其子那样，想出便出，想进便进，不给他人留一丝间隙或漏洞，独自出来，独自返回，进退自如，随心所欲，谁也无法阻止。

原文

内者，进说辞也，揵者，揵所谋也。欲说者务隐度，计事者务循顺。阴虑可否，明言得失，以御其志。方来应时，以合其谋。详思来揵，往应时当也。夫内有不合者，不可施行也。乃揣切时宜，从便所为，以求其变。以变求内者，若管取楗。言往者，先顺辞也；说来者，以变言也。善变者审知地势，乃通于天，以化四时，使鬼神，合于阴阳，而牧人民。

见其谋事，知其志意。事有不合者，有所未知也。合而不结者，阳亲而阴疏。事有不合者，圣人不为谋也。

故远而亲者，有阴德也；近而疏者，志不合也；就而不用者，策不得也；去而反求者，事中来也；日进前而不御者，施不合也；遥闻声而相思者，合于谋待决事也。故曰：不见其类而为之者，见逆；不得其情而说之者，见非。得其情，乃制其术。此用可出可入，可揵可开。故圣人立事，以此先知而揵万物。

译文

所谓内（通“纳”），就是臣子向君王进谏说辞，从而取得君王的信任；所谓揵，就是臣子向君王呈献谋略，以辅佐君王，成就大业。想要游说君王的谋士，务必事先揣摩出君王的心理；想向君王进献策略的谋士，务必循势而为，因势利导。想要说服他人，首先要深思熟虑，分析自己的谋略优劣可否、成败利钝，然后再明确地向君王阐明其中的利弊得失，从而迎合君王的思想，掌握君王的意志。游说的要诀在于顺应时宜，选择恰当的时机，使自己的谋略与君王的意愿契合，以迎合君王。不过首先要审慎考虑同君王建立稳固的关系，然后再考虑拟献的方略计谋是否顺应时宜、合乎君王的心愿。如果谋士所进献的计谋不合君王的心愿，就不可能被采纳并付诸实践。因此，进献谋略者需要反复揣度，改变策略以适应时势的要求，提出新的方案，以适应新的变化。这样以变通的方法求得君王的采纳，就会像一把钥匙开一把锁那样游刃有余。与君王谈论过去的历史，应该顺着君王的心思，加以合理解释；与君王谈论未来的趋势，则要留有余地，采用变通的言辞，随机应变。只有善于变通的谋士，才能审时度势，才能与天地自然的法则相通，随着四季的更替以适应不同的环境，如同役使鬼神一般得心应手，才能契合于阴阳变化的规律，从而控驭天下百姓。

谋士在观察君王谋划大事时，就可从中洞悉君王的意愿和志趣。如果提出的方略计谋不合君王的意图，与君王的观点不一致，那原因就在于对君王的心愿还了解得不够透彻。如果提出的方略计谋能够合乎君王的意愿，却仍然得不到采纳和实施，以建立稳固、默契的君臣关系，那么由此可以推断，君王关系只是表面上看起来很亲密，实际上君臣的内心却有很大的距离。如果进献的计谋与君王的心愿并不吻合，圣贤之人也不会再为其谋划的。

因此，与君王表面疏远而实际上关系非常亲密的人，是因为双方的情感暗合之故；看上去亲近而实际上关系疏远的人，是因为双方的志向和意图并不相符；身居官职、主动进献谋略却得不到君王重用的人，是因为其计谋不当，没有得到君王心理上的认可；隐居在野、所言不合君王心意，但后来又被召用的人，是因为他当初所献计策被后来的事实证明是正确可行的，暗合君王的心意；每天都被君王召见却得不到赏识的人，是因为他所提出的策略不合时宜，也不合君王的意愿；身居江湖乡野、与君王距离遥远反而能引起君王惦念的人，是因为其言行从根本上与君王的谋划契合，君王亟待与他共商大事，成就大业。所以说，若不明了总体形势，不了解对方的想法而贸然行动的人，其结果必定事与愿违；同样，不了解君王的意图而贸然进献说辞的人，必然遭到非议和拒绝，想受到重用却会适得其反。只有充分了解对方的真实意图，再依据情况制定策略，才能够充分施展自己驾驭形势的计谋，推行自己的主张。这样，才可能出入自如，从心所欲。因此，圣人行事成大业，都是预先洞悉全面情况，从而控制和驾驭世间万物。

原文

由夫道德、仁义、礼乐、忠信、计谋，先取《诗》《书》，混说损益，议论去就。欲合者，用内；欲去者，用外。外内者，必明道数，揣策来事，见疑决之，策无失计，立功建德。治民入产业，曰揵而内合。上暗不治，下乱不悟，揵而反之。内自得而外不留，说而飞之。若命自来，己迎而御之。若欲去之，因危与之。环转因化，莫知所为，退为大仪。

译文

若向国君进献策略，首先要从道德、仁义、礼乐、忠信、计谋着手，引用《诗经》《尚书》中的立论和教诲，再综合分析其利弊，并进一步确定自己策略中的得失。如果想要赢得君王的信任与宠幸，就要深知君王内心的意图和想法，才能接近国君，取得信任；如果无意取得君王的信任和宠幸，一心退出隐居，就不必迎合君王的意愿，自然会失去宠信而离去。善于运用内外之术与君王周旋的人，必须明确处理事情的规律和方法，从而预测事物发展变化的趋势，遇到疑难问题能够正确决断，使策略的运用不会出现失误，从而建功立业、积累德行，使朝廷君臣有序，人民安居乐业。这就叫作“揵而内合”，即所制定的策略符合君王之意。若君王昏庸无道，不能治理朝政，臣下庸碌无为，不能明确各自的职责，而君王仍执迷不悟，就可能被臣下所控制。对于那些自以为圣贤又不礼贤下士的君王，不能采纳贤哲的谏言，而一味地陶醉于歌功颂德的欢呼声中，如果朝廷有起用的诏令，就应该欣然受命，获得君王的信任之后再施智展才，从而达到自己的目的；如果另有所慕，打算归隐山林，不愿当朝为政，就要利用社稷大厦将倾之机，伺机退隐。是去是留要反复权衡，转换变化要因情制变，让人摸不清自己的真实意图。这样才算是掌握了去留进退的真正秘诀。

智慧总结

内揵术主要讲述的是臣子如何向国君进谏献策，如何拉近与游说对象的关系。内通“纳”，也就是指向君王进谏说辞，以取得君主的欢心与信任；“揵”通“楗”，原意是锁，此处指向君主进献计策，以辅佐国君成就一番大事业。

本篇共分四层意思：第一层，介绍了君臣之间建立关系的种类，有远而亲的，有近而疏的，有以道德为基础相交的，有以志同道合相交的，有以钱财货利相交的，有以声色娱乐相交的。不管是哪一种，只要事先摸清了对方的意图和想法，我们便可来去自如，欲亲则亲，欲疏则疏。第二层，介绍了进谏者如何才能得到宠信、使君主接受自己提出的建议。有的靠品德换信任，有的以钱财为诱饵，有的用美色去勾引。只要投其所好，便可玩弄谋臣于股掌之间。第三层，讲了谋士或说客进谏时应该掌握的技巧。首先应该把握游说对象的心理变化，顺势而为，便可应和人意；其次说到选择适当的时机，才能更好地使建议与对方的心愿相吻合；最后提到还应该善于根据游说环境的变化去灵活变通地改变说辞。

在内揵术的运用中，"内"主要是游说对方，能够与对方说上话、搭上腔，侧重于言辞技巧；"揵"是要迎合对方的心意，侧重游说的效果。从内揵的根本看：最关键的是要摸透对方心意去说服、控制对方的思路变化，从而使对方有种心心相印、兴趣相投的感觉，接着便可灵活多变地采用游说之法，使自己进退自如。

或结以道德，或结以党友，或结以财货

或结以道德，或结以党友，或结以财货，或结以采色。用其意，欲入则入，欲出则出，欲亲则亲，欲疏则疏，欲就则就，欲去则去，欲求则求，欲思则思。若蚨母之从其子也，出无间，入无朕，独往独来，莫之能止。

朱云无所畏惧谏汉成帝

西汉后期，汉成帝执政以后，启用自己以前的亲信，尤其重用自己以前的老师张禹，并封他为安昌侯。但张禹是个道貌岸然的伪君子，实际上他贪婪淫奢，在位高权重之后，对奢侈生活的追求更是变本加厉，人民都对他深恶痛绝。

朱云是当朝的一位官吏，是个敢怒敢言的硬汉子，他的这种名气在朝廷

上下已是众所周知。他查实了张禹的种种罪行之后，立即上书求见皇帝。朱云当着满朝公卿的面慷慨陈词："现在朝廷有些大臣，只图一己之利，上不能辅佐君主，下不能益于百姓，惹得民怨沸腾，微臣请陛下杀一儆百，斩一奸佞之人，以平民怨，以儆效尤！"

汉成帝好奇地问："哦？竟有此等事！不知你要斩的奸佞之臣是何人？"

朱云上前一步，毫不犹豫地说："恕臣大胆，就是安昌侯张禹！他……"

正当朱云打算一一陈述张禹的罪状时，汉成帝顿时龙颜大怒，大声喝断："你这个逆臣，简直是不知天高地厚，居然敢以下犯上，公然在朝堂上侮辱我的老师！来人，将他拿下！"

两边的侍卫立即奉命捉拿，朱云一路挣扎，被拉至金銮宝殿前时，他死死地抓住栏杆不放，不料竟将栏杆折断。他大声呼叫道："我能到九泉之下与已故的忠臣为友，也没有任何遗憾了！现在陛下任恶人大行其道，日后还能以圣明自居吗？"

汉成帝怒火正旺，听到叫声更烦，又下令道："拉出去，斩首！"在一旁几次欲言又止的左将军辛庆忌摘去官帽，解下将军的大印，双膝跪地，对皇上说："陛下息怒！陛下息怒！朱云这个人素来狂放不羁，说话做事喜欢直来直去，相信您也有所耳闻。今日他进谏也是为民着想，并无恶意。如果他所言属实，那岂不是杀错了？如果他是信口雌黄，也罪不该死！陛下何不查明真相后再做判决呢？今日我愿以死相救！"

辛庆忌说罢，连连叩头，磕破了额头，染红了地面。汉成帝想想觉得有理，于是平息了怒气，收回了成令，并派人查证张禹之事，不再追究朱云。

后来，有人提议把折断的栏杆修整翻新，汉成帝连忙阻止："栏杆勿修了，把那些坏的部分收拾一下就行。我要让来来去去的大臣都知道朱云和辛庆忌不计自己得失而直言进谏的事迹。这种人是我一直都需要的啊！我差点犯下一个不可挽回的错误！"

评析

内揵中有"或结以道德"之交，朱云的劝谏就属于以臣子的赤胆忠心之德感动了汉成帝。虽然劝谏的技巧运用不多，但却是道德、仁义、忠信的具体表现。采用直谏的方法，最好知道君主是个圣贤明君，如果是个平庸无能的昏君，那很可能会招来杀身之祸。只有忠臣明君，才能做到以德相交。

从德行来看：对朱云而言，不计个人得失的正直和诚实永远不会过时；对于汉成帝而言，能够及时转变观念，吸取教训，控制自己，虚心纳谏，并下令勿修栏杆，以示警诫，则显得难能可贵。

忠直谏臣魏国公

有一年，唐太宗派人征兵。有个大臣建议，不满 18 岁的男子，只要身材高大，也可以征。唐太宗同意了。但是诏书却被魏徵扣下了。唐太宗催了几次，魏徵还是扣住不发。唐太宗大发雷霆。魏徵不慌不忙地说："我听说，把湖水弄干捉鱼，虽能得到鱼，但是到明年湖中就无鱼可捞了；把树林烧光捉野兽，也会捉到野兽，但是到明年就无兽可捉了。如果把那些身强力壮、不满 18 岁的男子都征来当兵，以后还从哪里征兵呢？国家的租税杂役，又由谁来负担呢？"良久，唐太宗说道："我的过错很大啊！"于是，又重新下了一道诏书，免征不满 18 岁的男子。

一次，唐太宗从长安到洛阳，途中休息时，因为对他的用膳安排不周到而大发脾气。魏徵当面批评唐太宗说："隋炀帝就是因为常常责怪百姓不献食物，或者嫌进献的食物不精美，遭到百姓反对，使隋朝灭亡了。陛下应该从中吸取教训，兢兢业业，小心谨慎。如能知足，今天这样的食物陛下就应该满足了；如果贪得无厌，即使食物好一万倍，也不会满足。"唐太宗听后不觉一惊，说："若不是你，我就听不到这样中肯的话了。"

魏徵为人耿直，有才干，是个忠臣，唐太宗不记前仇，任用他为谏议大夫。魏徵不断向唐太宗提出好的建议，使唐太宗对他十分佩服，经常将魏徵请入居室，询问得失，魏徵越来越被重用，先后被唐太宗提升为秘书监、侍中、宰相，并封他为魏国公。

唐太宗曾说："我好比山中的一块矿石，矿石在深山是一块废物，但经过匠人的锻炼，就成了宝贝。魏徵就是我的匠人！”

魏徵去世后，唐太宗痛哭流涕地说：“用铜制成的镜子，可以照见衣帽是否端正；用古史作镜子，可以参照政治的兴衰；用人作为镜子，可以知道自己的成绩与过错。我经常保持着这三面镜子，现在魏徵去世了，我少了一面镜子呀。”

评析

“或结以党友”，指以同道朋友相结于君王。纵观古今中外历史，君臣之间能以良师益友般的感情相交的莫过于魏徵与唐太宗了。唐太宗把魏徵喻为明镜来体察得失，把自己比作矿石，把魏徵比作匠人，足见其与魏徵的“党友”之交。

裴延龄投君所好连升迁

裴延龄是唐德宗时掌管财政的大臣，虽然他对财政一窍不通，可为了显示自己的能干，就任之初，他便上书皇帝说：“我通过清账查库，发现有 20 万贯的钱没有入账，请将这笔钱放在另外一个钱库中贮存起来，以供陛下随时取用，永无匮乏。”

不久他又上书皇帝说：“朝廷仓库收藏的钱物多有失落，最近我在废品中收得银钱 13 万两，丝绸及其他物品有 100 多万。这些钱物也都没有入账，应当算作节余，也该转移到别的仓库收藏，以供陛下支用。”

唐德宗本就贪财，当他得知裴延龄意外发现了这么多钱物，奢侈的欲望便迅速膨胀起来，今日修这个，明日建那个，都伸手向裴延龄要钱。其实，裴延龄所说的那些意外之财，全都是子虚乌有，只不过是为了炫耀自己能干、讨好皇帝而瞎编出来的。可面对皇帝越来越多的索取，他又不敢暴露真情，只好加紧对百姓的勒索和巧取豪夺。

有一次，唐德宗要建造一所寺庙，需用一根长 50 尺的松木，却无处可得。裴延龄说：

“我最近在同州发现一座山谷长满树木，有数千株，长度都在 80 尺左右。”

德宗听了十分惊异，说：“听说开元、天宝年间，在附近连五六十尺长的树木都寻找不到，不得不到远方采购。如今怎么能出现这么多的大树呢？”

裴延龄回答道：“我听说贤才、珍宝、异物，只有在国君圣明时才会出现。如今这批树木生长在京师附近，也是因为陛下圣明啊！开元、天宝时候怎么会有呢？”

其实根本没有这些大树，全都是他信口雌黄瞎编出来的，只不过是用来欺骗皇帝、讨好皇帝罢了。当时就有人指责他愚弄朝廷，欺骗君主，虽然后来唐德宗也知道了他的荒诞虚妄，可是毕竟他的谎言很受用。唐德宗后来不断地给他加官晋爵，只不过裴延龄不到 50 岁就去世了，否则很有可能当上宰相！

评析

内揵中有“或结以财货”之交，而裴延龄正是利用了唐德宗贪图财利、爱慕虚荣的性格，以花言巧语来投其所好，才得以使自己青云直上，官至显位。

人人都有趋利避害的本性，都喜欢得到别人的赞扬，从而增加自尊心和虚荣心，自己即使在恶劣的情况下也能生存。唐德宗清楚，却并未识破，反以之为重臣。裴延龄深得此道，他的官途生涯也因此而顺畅。

方来应时，以合其谋。详思来揵，往应时当也

方来应时，以合其谋。详思来揵，往应时当也。夫内有不合者，不可施行也。

因势利导进谏言

春秋时期，齐国国相晏子生活非常俭朴，齐景公经常看着他身上的粗布衣裳叹气道："你真是个乡下人啊！"

晏子的住宅和普通老百姓的房子没什么区别，家中陈设甚至比老百姓的还要简陋。

齐景公知道后，便想给他建造一所好一点的房子。

一天，退朝后，齐景公叫住晏子说：

"您的住宅靠近集市，每天在嘈杂的声音中度日，实在让您受苦了。更何况灰尘满街，地势又低，狭窄且又潮湿的环境，实在不适合像您这样的人居住，请您还是搬到宽敞明亮的地方去吧！一切费用都由我来负担，您看怎么样？"

晏子摇头道："感谢大王美意。住宅的好坏不一定是以豪华和简陋来区分的，况且我所住的地方是齐国的先代贤士们住过的。我有时想，自己住在这里是不是有资格，会不会有辱先贤们啊。再说，我住在靠近集市的地方，买东西很方便，怎么可以麻烦百姓再为我另建房屋呢？还是算了吧！"

齐景公见他不肯换房，便转换话题，笑着问："您住在集市附近，可知什么东西最贵，什么东西最便宜吗？"

晏子一听，不由得想起自景公继位以来频繁施用的一大酷刑——刖刑，即把人的双腿砍断。有很多老臣冒死进谏要求废除此酷刑，都徒劳无功。晏子多次想劝谏，但一直苦无机会。今日齐景公问起物价贵贱来，晏子想了想，说道："假肢是最贵重的，鞋子是最便宜的。"

齐景公脸色微微一变，若有所悟地低下头，沉思了许久。

"好了！"齐景公严肃地对晏子说道，"从明天开始我就废掉刖刑。"

评析

晏子身居高位，却甘居贫贱；尽管想谏止刖刑，却会耐心等候时机，可谓深得顺其自然之道。一个人如果享尽荣华富贵，必遭天妒人怨，灾难随时可能加身。晏子贵而不富，就不会被人视为眼中钉、肉中刺了。所以，他能安然当权 57 年之久。至于进谏时机的把握，晏子处理得恰到好处，似谏非谏，点到为止，却力压千钧，一语中的。

晏子以棋为喻劝齐庄公

春秋时期，齐相国晏婴，是一位家喻户晓、德高望重的政治家，人们尊称他为晏子。他博闻强记，知古通今，历任齐灵公、齐庄公、齐景公三世，达 57 年。他提倡节俭，并能以身作则，尽忠纳谏，对国君从来都知无不言，言无不尽。

一日，齐庄公在花园里与妃子下棋，听说晏子前来求见，就撇下妃子，与这位棋坛高手在棋盘上厮杀起来。

晏子也不多话，稳稳地坐在那里，出车跃马，摆开阵势，一会儿工夫就吃了齐庄公不少棋子，占尽优势。但不知为什么，晏子连连用强，走了几步棋，棋局发生了变化。齐庄公沉着应战，居然转败为胜，赢了一局。

齐庄公疑惑地问："为什么这局棋会下得如此差呢？"

"臣有勇无谋，输棋自在情理之中。"晏子手指棋盘说，"下棋是这样，治理国家也是这样，如今各国的状况，对我而言已经很难胜任相国的重任了。"

齐庄公吃了一惊。晏子又说："近年来，由于您偏爱勇武有力的大臣，使武夫们滋长骄傲情绪，傲视文臣，欺压百姓，闹得京城临淄乌烟瘴气。许多有才干的文臣得不到重用，官风、民风越来越坏。若这些人不加以严格约束，势必会出乱子。"

齐庄公有些自知之明，但身为国君，怎可轻易接受一个臣下的批评呢？于是不服气地问："请相国直言，古代有没有哪一个国君，依靠武力而安邦治国的呢？"

晏子说："夏朝末年有大力士推侈、大戏，殷朝末年有勇士弗仲、恶吏，这些人都是神力无边、万夫莫挡之辈，可他们却不能挽救夏桀、殷纣的灭亡。夏、商的覆灭告诉后世一个道理：光靠勇力而不施仁政，是行不通的。”

齐庄公仔细体会晏子的肺腑之言，认为他说得很对，就恭敬地表示感谢，并同意从今以后省刑轻赋，施仁政以固国本，让万民敬仰自己，让文臣亲近自己。

评析

“方来应时”的意思是反复揣摩，以适应时势的要求去进言，以求其变通。晏子下棋，开始时猛如虎，顾前不顾后，待到后来欲挣扎时，早已成败局。他以此吸引齐庄公提出话题，并顺势转到以武治国和以仁治国上面来，当齐庄公不服气时他又举出实例，证明以武治国是不可行的。其婉转自如的口才技巧，令人叹服。

晏子在此便巧妙地抓住了进谏的时机，他不急于进言，而是在下棋中创造有利时机。先是采用投石问路的方法，以下棋使齐庄公对棋局的变化莫测而深感迷惑，而后再把话题转到以仁政治国上来，阐述了自己的立场与观点，接着又举出实例，说得齐庄公心服口服。

邹忌能言善谏兴国邦

封建社会，皇权威严，不可侵犯，有多少谋臣良相因谏言而惨遭杀身之祸。伍子胥被赐剑自刎、比干被剖腹挖心、屈子被放逐、司马迁蒙宫刑之辱，都是千古奇冤！然而，邹忌却凭借一种聪明巧妙的劝谏办法而最终达到了目的。

公元前 378 年，齐威王即位，他每天沉迷于酒色声乐之中，不理国事。9 年之间，韩、魏、鲁、赵陆续起兵攻齐，齐国兵将屡败，齐威王在丧失大片国土的情势下依然如故，无动于衷。

一天，他把一个叫邹忌的士人召来弹琴消遣。邹忌只是大谈乐理，就是不奏曲。齐威王说：“先生乐理精深，必然熟悉琴音，就请试弹一曲吧。”

邹忌说：“臣以弹琴为业，当然要尽心研究弹琴的技法；大王以治国为要务，怎么可以不好好研究治国大计呢？我抚琴不弹，就能触怒大王；而大王抚国而不治，9年来毫无作为，您就不怕齐国的臣民怨恨吗？”

齐威王十分惊愕，便和他谈论起治国之道来。邹忌劝齐威王节饮食远酒色，核名实，别忠佞，息民教战，经营霸王之业。齐威王大悦，拜邹忌为相国，加紧整顿国政。

这里还有一个故事：有一天早晨，邹忌穿好衣服对镜自照时问妻子说：“我和城北徐公比，谁更美呢？”妻子回答说：“您比徐公美。”他又问侍妾，侍妾回答说：“徐公不如您美。”正巧，有位客人求见，邹忌再问客人，客人也回答说：“徐公确实不如您美。”

第二日，恰恰徐公来访，邹忌将自己与他的身材、相貌作了仔细对比，觉得还是徐公超过自己。送走徐公，邹忌认真反思，悟出其中道理，便上朝向齐王讲述了这件事。他说：“臣确实自知不如城北的徐公美，但妻子偏护我，侍妾惧怕我，客人对我有所求，所以他们都说我比徐公美。由这件事，臣联想到：我们齐国地广千里，四境之内有城120座。宫内侍从宫女，没有不怕大王的；朝中左右大臣，没有不偏护大王的；四方官吏边将，没有不对大王有所求的。这样看来，大王您所受的蒙蔽是多么厉害呀！”

齐威王听了邹忌巧妙的劝谏，觉得很对，于是颁布命令说：“凡能当面指责我过失的人，可获上赏；能书写文字批评我过失的，可获中赏；能在众人面前非议我的，只要让我知道，可获下等赏赐。”

这道命令颁布后，齐国文武百官纷纷上朝来向齐威王提出许多意见，齐威王吸收合理的部分，不断改正自己的错误，又将平日亲近自己、暗中收受贿赂的佞臣或疏远，或处死。齐国由此大治，又渐渐强盛起来。

评析

以上这则关于邹忌进谏的故事，其高明之处仍然是“方来应时”，不急于讲出自己的言辞，而是通过他物或故事谈起，吸引对方问及与谏言相关的问题时再进谏，这样既不会让人产生反感之意，还能使其通过他物或故事所揭示的道理去深刻反省自身，从而得到更深刻的领悟。

第四篇　抵巇术

原文

物有自然，事有合离。有近而不可见，有远而可知。近而不可见者，不察其辞也；远而可知者，反往以验来也。

巇者，罅也。罅者，涧也。涧者，成大隙也。巇始有朕，可抵而塞，可抵而却，可抵而息，可抵而匿，可抵而得，此谓抵巇之理也。

译文

世间万物的发展都遵循着大自然的规律，世间万事同样也要依照离合聚散的法则发展变化。有些事情，虽近在咫尺，却互不了解，看不清楚；有些事情，虽然远隔天涯，反而了如指掌。近在咫尺却没有了解，是因为没有详细地考察情况，分析其言辞；远隔天涯反而了如指掌，是因为反观其以往发展的规律和历程，从而推断出未来的发展情形。

所谓巇，就是罅，罅也就是涧，涧天长日久就变成大隙。（巇，在古代指容器的裂痕；罅，指的是裂缝；涧指的则是较大的裂缝。三字意思相通，只是程度不同。）巇起初发生时，会有征兆可寻。若是内部有了缝隙，可以从内部堵塞它，使其消失；若从外部出现时，可以从外部使其缩小，从而慢慢击退；若是从下层出现时，可以从下面平息它；当这种征兆处于萌芽状态时，可以从上面着手，让其逐渐泯灭；如果缝隙已经扩大到无法抵塞、不可救药时，可以弃旧用新，趁机用适当的途径取而代之。这些就是抵巇之术的道理。

原文

事之危也，圣人知之，独保其用。因化说事，通达计谋，以识细微。经起秋毫之末，挥之于太山之本。其施外，兆萌芽蘖之谋，皆由抵巇。抵巇隙，为道术。

天下纷错，上无明主，公侯无道德，则小人谗贼，贤人不用，圣人窜匿，贪利诈伪者作，君臣相惑，土崩瓦解，而相伐射。父子离散，乖乱反目，是谓萌芽巇罅。圣人见萌芽巇罅，则抵之以法，世可以治则抵而塞之，不可治则抵而得之。或抵如此，或抵如彼；或抵反之，或抵覆之。五帝之政，抵而塞之；三王之事，抵而得之。诸侯相抵，不可胜数。当此之时，能抵为右。

译文

当事情的发展刚刚出现危机时，只有圣人才能敏锐地察觉到，从而利用和发挥自己独特的作用，进而根据事情的发展变化分析利弊，制定适当的策略，并由此体察识别这种危机的细微征兆。万事万物发展变化的开始，都如秋毫之末一般微小，不过一旦疏忽大意，任其发展，秋毫之末也会动摇如泰山般坚实的根基。当圣人向外推行教化时，对一些危机的萌芽和征兆予以防范和消除时，都是运用抵巇之术。由此可见，抵巇这种堵塞裂痕、漏洞的方法，也是一种处理事情的高超之道。

每当天下纷争不止、错杂无序之时，上无明君，下无有德的公侯将相，于是奸佞小人就会肆意作恶，谗害忠良，以致贤良仁德之士不被重用，圣人贤哲都隐遁山林，远离世事。贪图利禄、虚伪奸诈之徒胡作非为，导致君臣上下相互猜疑，天下土崩瓦解，相互攻伐，父子离散，反目成仇，这样的局面就是裂痕的萌芽。当圣人看到这些乱政的裂痕，就会采用抵巇的方法予以治理。当局势尚可控制的时候，就要采用抵巇的方法加以弥补；一旦世道已经被破坏到无法挽救的时候，就用抵巇的方法弃旧用新，彻底取而代之。同样是抵巇之术，或者堵塞它，或者取代它，或者通过“抵”堵塞缝隙，使其恢复原状，或者通过“抵”将现状彻底打破，用一种新的状态重新塑造，以新换旧。五帝圣明的政治时期，世道尚可治理，所以就用抵巇的方法加以堵塞；而夏、商、周三王更迭之时，君王残暴，世事已无法挽救，于是就要打破旧的政局，用抵巇的方法取而代之。春秋时代，诸侯之间攻伐兼并不可胜数，纷争连绵不断，在这样混乱的时代，善于运用抵巇之术的人，才是真正的强者。

原文

自天地之合离、终始，必有巇隙，不可不察也。察之以捭阖，能用此道，圣人也。圣人者，天地之使也。世无可抵，则深隐而待时，时有可抵，则为之谋。可以上合，可以检下。能因能循，为天地守神。

译文

自从天地形成之初，万物就有了离合、始终的运动变化，自然会出现裂痕漏洞，这是当今的谋士们不可不详加考察的问题。若想参透抵巇之术，就必须巧妙地运用捭阖之术加以考察研究，能够做到这一点的，就是圣人。所谓圣人，就是天地万物的使者，是能够掌握天地万物之自然规律的人。当世道太平，还没有出现裂痕，无须堵塞之时，他们就隐居山林以待时机；当世事纷乱、裂痕出现，需要加以堵塞之时，他们就会应时而出，谋划治理乱世的策略。圣人的出现，对上可以协助君王兴邦治乱，对下可以监察督导，安邦定国。能够合理运用抵巇之术处理事物的人，就可以永立于天地之间，处于不败之地，成为天地万物的守护之神。

智慧总结

据《辞海》解释：巇原意是险峻、险恶，后被引申出间隙、漏洞、矛盾等意思，以比喻给人可乘之机。本篇主要讲述的是如何洞察事物出现的缺陷和矛盾，而后又该采取什么样的措施加以弥补或利用。

《鬼谷子》认为任何事物都会出现矛盾，如果不加以控制，就会由小变大，到时想补救都来不及了。控制事物最好的方法就是事先预防，有审时度势的分析能力。出现裂痕时要及时采取措施加以弥补，由内部原因而起就要堵塞；由外部原因而起就要消除外部隐患；刚开始时可以及时补救；无可挽回时就要以新代旧。

“抵”的对象又可分为两种，一种是对自身的“抵”，一种是对他人的“抵”；“抵”的方法也可分为两种，一种是修补，一种是利用。抵巇术在政治上多以利用为主，也就是所谓的投机取巧、乘虚而入。其手段主要是通过对使用对象的弱点或缺陷加以利用来达到自己所要的目的，比如利用对方贪财、贪色、贪名等本身具有的“巇”，或是利用对方生性多疑、刚愎自用等缺点来制造“巇”等。

从全局来看：抵巇术成功运用的关键是要顺应事物发展变化的规律，唯有如此，才能灵活运用“抵而塞之”或“抵而得之”的策略，使自己不断完善，找到克敌制胜的方法。

经起秋毫之末，挥之于太山之本

事之危也，圣人知之，独保其用。因化说事，通达计谋，以识细微。经起秋毫之末，挥之于太山之本。其施外，兆萌芽孽之谋，皆由抵巇。抵巇隙，为道术。

伊尹防患未然禁天子

夏朝的最后一个皇帝是夏桀，他在位时荒淫无道，滥杀忠臣良将，政权岌岌可危。

与此同时，夏朝的一个属国商国渐渐强大起来，国王成汤在相国伊尹的帮助下，内修德政，发展军事力量，对外逐步征服周边小国，最终于公元前11世纪，灭掉桀王，建立商朝。

伊尹本来是成汤推荐给桀王的，但桀王只同他谈了一次话，以后再没有理过他。成汤见夏王对伊尹不予重用，于是请他到商国并拜他为相，授予国政。伊尹不负众望，帮助成汤发展农耕，铸造兵器，训练军队，终于灭了夏朝。成汤死后，他把大权交给了相国伊尹，嘱托他尽心辅佐自己的三个子孙。伊尹答应了他的要求。

成汤有三个子孙：外丙、中壬、太甲，是商朝很有作为的三个王。但太甲继位的前三年，并没有致力天下大业，而是整日沉湎于酒色之中。

伊尹曾以长者的身份劝告他，又以相国的权力威胁他，但太甲在治国为民上仍毫无心思。伊尹施尽各种方法，想令太甲改过自新，以继承成汤的足迹，创造商朝鼎盛，无奈太甲仍不以为然，冥顽不灵。

有大臣向伊尹劝道："当年先主在位时，你帮他灭掉夏国；先主仙逝，你又辅佐两位人主，已经报答了先主的知遇之恩。现在你既然无能为力，又何必强求呢？你不如带上金银财宝，找一个青山绿水的地方，隐居下来，安享晚年！"

伊尹训斥那位大臣道："为人臣子，应当在国家危难时挺身而出，劝诫皇帝，这才是良臣。如果都像你所说，在君主英明、太平盛世时，大臣都在朝堂食俸禄；而一旦风起云变、国君不明事理时，便隐蔽起来。那么，要我们大臣又有什么用处呢？"

那位大臣听完，哑口无言，急忙向伊尹请罪。尽管如此，伊尹还是免了他的职，并当众公布那位大臣的口舌之罪，众人听了无不畏惧。

太甲也知道了这件事，表示赞同。伊尹乘机又劝太甲，太甲仍是不听。无奈，伊尹便将太甲关进南桐宫，责令他反省，他则亲自主持朝中事务整整3年。

经过3年反省，太甲终于悔悟。伊尹又亲自把他接出来，将政权交还给他。

太甲重新登上皇位，励精图治，使商朝达到了鼎盛时期。这其中，伊尹功不可没，他当了30多年的商朝相国，为商朝的统治奠定了坚实的基础。

评析

小的缺漏如果不及时加以控制，任其发展就会动摇大山的根基，只有把它消灭在萌芽状态，才不会出现大错。太甲身居帝位而沉迷于酒色，这是小

“巇”，只有及时制止才不至于发展为大“巇”，甚至到无可挽回的地步。伊尹先是以言语劝告，在无效的情况下才将他软禁 3 年，这种由低到高、由软到硬的“抵”法可谓运用得恰到好处，因为让太甲尝尝得而复失的滋味，比每天耳提面命的效果要好得多。

伊尹能够成功“抵”住太甲的“巇”，这与他由小见大、见微知著的眼光是分不开的，正所谓：“圣人见萌芽巇罅，则抵之以法，世可以治则抵而塞之。”

萧道成辟谣言智表忠心

南北朝时期，南朝齐的建立者萧道成是个有远见、有卓识、深谋远虑的皇帝。

在南朝宋的时候，萧道成作战勇敢，屡立战功。至宋明帝泰始年间，他已掌管南兖州、徐州二州军事，南兖州刺史、侍书、假冠军将军，都督兆讨先锋等军中要职。公元 469 年，萧道成又督兖州、青州、冀州三州军事，其权势越来越大。

当时的宋明帝是一个残忍好杀又很迷信的君主。他的忌讳很多，只要有人触犯了他的忌讳，便会被处死。一次，一位大臣在念奏章时，只念出了一个“凶”字，他立即命人把大臣拉出去斩了首，可怜那位大臣临死时才知道是因为说错了一个字。京都有一城门，名叫宣阴门，民间称它为“白门”。宋明帝认为这门代表丧事，便下令全国任何人不许再提“白门”这两个字，违者杀无赦。有时甚至连移床、掀砖、揭瓦、修墙等琐碎小事，宋明帝也要煞有介事地祭请各路神灵。

宋明帝的本性如此，民间偏偏传出“萧道成应为天子”的话，还有人说萧道成非人臣之相。宋明帝听了这些话，自然怀疑萧道成要谋反，再加上萧道成手握重兵，权力极大，宋明帝几乎认定萧道成要谋反。

萧道成得知了这些谣传，也深知宋明帝的迷信和多疑，所以处处小心，时时提防。此时，萧道成正镇守淮阴，宋明帝便派遣将军吴喜率领 3000 人北上去见萧道成，并让他带着御赐银壶酒送给萧道成，如果萧道成不喝，那就证明他有反意，吴喜可立即诛杀他。萧道成一见到吴喜拿着酒亲自递给他，手握宝剑盯着自己，便明白了怎么回事。

如果那是毒酒，萧道成必死无疑。他仔细想了想，宋明帝虽然对自己有怀疑，但还不敢确定，况且宋家天下还很需要他这种人才，不到万不得已，宋明帝是不会轻易杀他的。想到此，他揭开酒壶，一口气喝了下去。

吴喜回去后把事情告诉了宋明帝，宋明帝才稍微放下心来。

泰始七年，宋明帝下诏，让萧道成返京，萧道成的部下纷纷劝阻，认为回京城不妥，恐遭杀身之祸。萧道成却说："你们对局势还看不清楚。如今皇上诛杀各王，自己忙不过来，皇太子又小，他一心只想自己百年后怎么办，哪还有心管别的事？我应召速至，绝不会有什么祸害发生，倘若迟疑不去，反倒要遭受怀疑，认为我有谋反之心了。"

萧道成骑上马，在马上嘱托："如今皇族骨肉相残，这是宋朝将要灭亡的征兆，你们要准备好一切。"

果然，萧道成回京后，宋明帝见他一召即来，就完全相信了他，又封他为散骑常侍。宋明帝又要封萧道成的儿子，萧道成却以一门之内不宜二封为由推辞掉了。

萧道成瞒过了宋明帝，瞅准时机，终于夺取了宋家江山。

评析

"千里之行，始于足下；千里之堤，溃于蚁穴。"能够由小见大，见微知著，便可从细小的事情上观察出大的趋势，从而把灾祸消除在萌芽状态。宋明帝是一个迷信而多疑的人，在谣言纷纷的情况下，萧道成为什么敢喝下那一壶酒呢？为什么敢力排众议而返京呢？在这决定生死存亡的时刻，萧道成凭自己的大智大勇经受了考验。这一切都来源于他对形势的正确分析和对宋明帝的了解，因为宋明帝不能没有他，若不到万不得已，绝不会轻易杀他。萧道成以见微知著的缜密逃过了一劫，最终夺取了宋家江山。

可抵而匿，可抵而得

巇始有朕，可抵而塞，可抵而却，可抵而息，可抵而匿，可抵而得，此谓抵巇之理也。

邹忌设陷逐田忌

春秋战国时期，齐威王机敏聪颖，天下闻名。但有的时候也不免糊涂，坠入他人计中，为渊驱鱼。

当时，邹忌为相，田忌为将，二人不和，互相猜忌，倾轧不已。后来，一位名叫公孙阅的人给邹忌出了一个主意。公孙阅说：

“大人何不向齐王建议讨伐魏国？如果胜了，是您谋划高明，可以领功受赏；如果败了，则是田忌指挥不力，不肯舍命。即使他不死在战场上，也可以找个罪名除掉他。”

邹忌认为这个主意甚为巧妙，于是劝说齐威王讨伐魏国。

于是，田忌督师伐魏，三战三捷。邹忌不悦，又去找公孙阅讨教计策。

公孙阅于是派人携带 200 两黄金，到闹市上去卜卦，他对卜者称：

“我是田忌派来的人。将军三战三捷，威震天下，想推翻齐王，自立为王，请先生算一下前景如何？”

公孙阅派去的人走后，邹忌立即向齐威王告密。齐威王捉来卜者审问，果然如此。铁证如山，田忌无奈，只得弃职，逃奔其他国家。

田忌从齐国逃出后，来到了楚国。邹忌独揽大权，更加得势，但又担心田忌会借楚国的力量重返齐国执政，心中不安。

杜赫对他说：“大人放心，我会使田忌留在楚国。”

于是，杜赫南下到达楚国，对楚王说：

“齐国的邹忌，之所以仇恨楚国，就是因为担心田忌会借楚国的力量卷土重来。大王您为何不把田忌封于江南，向邹忌表示田忌绝不会返回齐国呢？这样，邹忌就会与楚国睦邻友好，和睦相处。再说，田忌亡命楚国，得到江南的封地，必然对大王感恩戴德。如果他将来有机会归国，也会尽心竭力，报答大王。这就是一箭双雕之计，使田忌与邹忌同时为大王所用。”

楚王点头同意，于是把田忌封在江 南。

评析

邹忌与田忌有“巇”，公孙阅和杜赫便为邹忌出谋划策，想方设法驱逐田忌，运用的便是“抵而得之”的方法。其最终结果不但把田忌逐出了齐国，还使他在楚国没有得到重用，让田忌没有东山再起的机会。

王允、勾践巧设美人计

东汉末年，汉献帝 9 岁登基，因年幼无知，朝廷大权便由董卓掌控。董卓为人阴险狡诈，经常滥杀无辜，并有谋朝篡位的野心。满朝文武，对董卓既恨又怕，敢怒而不敢言。

官拜司徒的王允对此十分担心，如果不铲除董卓，汉朝的江山恐怕难保。但董卓的势力很大，身边战将无数，正面攻击，必定不是他的敌手。后来王允得知董卓身旁有位骁勇善战的大将，名叫吕布，董卓认了他为义子，他一直忠心耿耿地保护着董卓。王允经过观察，发现这“父子”二人有一个共同的弱点，都是好色之徒。于是，王允便想用“美人计”，让他们父子互相残杀，来除掉董卓。

王允府中有个名叫貂蝉的歌女，她不但长得国色天香，而且才艺十分出众。当王允向貂蝉提出用美人计诛杀董卓时，深明大义的貂蝉为了感激王允对自己的养育之恩，决心牺牲自己，为朝廷除害。

在一次宴请吕布的宴会上，王允主动提出欲将自己的干女儿貂蝉许配给吕布。吕布见到这位绝色佳人，自然高兴万分，对王允也感激不尽。

次日，王允又请董卓到家里来，在酒席之间，又把貂蝉唤出给董卓献舞。董卓见到貂蝉的美貌也禁不住垂涎三尺。王允见有机可乘，便说："太师要是喜欢，我就把面前这个歌女奉送给太师吧。"董卓假意推让一番，而后高兴地把貂蝉带回了府中。

吕布知道此事后大怒，当面询问王允为何出尔反尔，王允编出一番谎言哄骗吕布说："太师说此次前来的目的是要看看儿媳妇，我怎么敢违背他的命令呢？太师还说要选良辰吉日让你们完婚，所以便决定把貂蝉带回府去与将军成亲。"

吕布信以为真，于是便在府中等待董卓给他操办婚事。但过了几天仍没有动静，焦急万分的吕布一打听才知，原来董卓竟已把貂蝉据为己有。吕布一时也没了主意，不知该如何是好，只能在暗中与貂蝉约会。

董卓有一天上朝时，发现身旁的吕布不在，心里顿时疑窦丛生，便马上赶回府中，正好在后花园凤仪亭内看到吕布与貂蝉在一起说笑。他顿时大怒，用戟朝吕布刺去。吕布闪身躲过，没被击中。吕布急忙怒气冲冲地离开了太师府，并大骂董卓人面兽心，拆散了他与貂蝉。其实吕布与貂蝉的私自约会，也是貂蝉在依照王允的计谋行事，以离间他们的父子关系。

王允见时机成熟，便再次请吕布到自己家中的密室相商。王允大骂董卓强占了女儿，夺去了吕布的妻子，实在可恨。吕布咬牙切齿地说："不是看在我们父子之情的分上，我非杀了他不可！"王允忙说："将军此言差矣，你姓吕，他姓董，怎么能说是父子呢？再说，他霸占你的妻子，又想用戟刺杀你，哪里还有什么父子之情？"吕布说："感谢司徒大人的及时提醒，不杀老贼吾誓不为人！"

王允见吕布已被自己说服，便立即假传圣旨，以皇帝的名义召董卓上朝受禅。董卓不知是计，还耀武扬威地进宫受禅，不料刚进宫门，便被吕布突然一戟直穿咽喉。董卓被除，朝廷内外无不拍手称快，赞赏王允与吕布的功德。

历史上美人计的运用不在少数，另一个成功运用的范例就是勾践利用西施离间吴王夫差与伍子胥的关系。

公元前496年，越王允常去世，勾践继承了王位。吴王阖闾不听伍子胥的劝阻，趁越国办丧事之机，出兵攻打越国。战斗中吴王阖闾右脚负伤，回到吴国后没几天就死了。阖闾嫡子夫差继承吴国王位，他决心为父报仇。

公元前494年，吴王夫差发兵攻打越国，勾践在会稽山被围，被迫与吴王讲和，表示情愿当吴王的顺从臣下。勾践夫妇作为人质在吴国小心伺候吴王，受尽屈辱，终于取得了吴王的信任，在三年后被赦，回到了越国。

勾践回到越国后，卧薪尝胆，立志雪耻复国。勾践与文仲商量复仇大计，文仲向勾践献上破越七计，其中的第三计就是美人计。为了实施美人计，越国大夫范蠡找到了深明大义的美女西施和郑旦，把她们送给夫差。

西施不但相貌绝美，而且能歌善舞，才华出众，很快便得到了夫差的宠爱。夫差对西施言听计从。于是，西施便和郑旦用计竭力挑拨吴王夫差和重臣伍子胥的关系，借夫差之手杀掉了足智多谋的伍子胥，从而极大地削弱了吴国的力量。

公元前473年，越王勾践带领大队人马攻打吴国，包围了夫差。夫差被迫自杀，越国大获全胜，不久称霸一方，成为春秋五霸之一。

评析

从抵巇术的运用来看，美人计正是根据运用对象本身的“巇”（即董卓和吕布，以及吴王夫差皆是好色之徒的弱点）而使用的，而后利用美色又去制造新的“巇”（即离间董卓与吕布的父子关系、夫差与伍子胥的君臣关系）。美人计运用的高明之处还在于制造新的“巇”，利用借刀杀人以达到自己的目的，从而省去了许多不必要的麻烦。

从以上两个美人计的运用效果来看，王允直接达到了自己的预期目的，借吕布的手除掉了董卓；勾践利用西施除掉了夫差身旁的伍子胥，削弱了吴国的实力。

陈轸挑拨离间保楚国

战国时期，秦国与韩国在河泽交战，韩国连败，形势危急。

大夫公仲建议韩王说：“我们的军队数量远比不上秦国，现在内无后备，外无救援，正处于危急存亡的关头。现在秦国意在讨伐楚国而不是我国，不如通过张仪同秦议和，送给秦国一座名城，约他一同讨伐楚国。秦国志不在我，又有利可图，一定会同意的。这样既保存了我国，又可以灭掉劲敌楚国，这是一箭双雕啊。”

韩王答应了，于是就对外宣称公仲将西赴秦国议和。楚王听说韩国要和秦国和解，十分恐惧，就召见陈轸问他怎么办。

陈轸说：“秦国想攻打楚国已经很久了，现在又得到韩国一座名城，再和韩国一起南下，这可是秦国梦寐以求的事！楚国肯定要受到两国的进攻。”

楚王点头道：“是。一个秦国已经不能阻挡，再加上韩国，我们岂不要灭亡了？”

陈轸忙说：“我有一个办法。大王可在国内选拔人马，宣称救韩，知道的人越多越好。再命令士兵用战车布满道路，派使臣带着足够的财物，使韩王相信楚王是他的盟友，一定会救他。即使不能如愿，韩国也会感激你，一定不会前来攻楚。即使两国兵临楚地，韩国也绝不肯奋力攻打，而且有可能反戈相向，而一个秦国对我国不可能造成什么重大的危害；倘若如我所愿，韩国接受了我国的礼物并表示亲近，那秦国知道后，一定大怒，两国便结下恩怨，他们之间的矛盾对我们有利。这就是我依靠秦、韩之兵而免除楚国之祸的一个计谋。”

楚王听罢大喜，于是在国内选拔人马，大肆宣称救韩，并派出使臣，送了许多财物到韩国。韩王大喜，就阻止公仲赴秦。公仲劝韩王道：“不能这样做，秦国告诉我们真实想法，楚国却在说谎。相信楚国的谎言而轻易断绝秦国，一定会遭到秦国报复的。况且楚、韩不是兄弟之国，也不是盟友，更没有约定讨伐秦国，只是秦国想讨伐楚国，楚国才说要出兵救韩。这一定是陈轸的计谋，请大王千万不要中了楚国的奸计啊！”

韩王不听公仲的意见，和秦国断绝了关系。秦国大怒，增派人马讨伐韩国，而楚国的救兵并没有到，韩国大败。

评析

对抵巇术的运用，在军事上更是不在少数，尤其是在春秋战国时期被广泛运用。以上这则典故就是以离间计“抵而得之”的例子。如果能够洞察到他国相互的利害关系，便可运用离间计挑起双方的纷争，而自己则可以坐山观虎斗，以取渔翁之利，以上这则故事便是成功运用离间计的著名事例。楚国面对秦、韩两个国家的进攻，临阵磨枪为时已晚，而陈轸巧妙地抓住这两个国家之间的利害关系，从中挑拨离间，终于使秦、韩两国反目成仇，刀戈相见，不仅削弱了韩国，更重要的是保全了楚国。

《鬼谷子》中卷

第五篇　飞箝术

原文

凡度权量能，所以征远来近。立势而制事，必先察同异，别是非之语，见内外之辞，知有无之数，决安危之计，定亲疏之事，然后乃权量之。其有隐括，乃可征，乃可求，乃可用。引钩箝之辞，飞而箝之。

钩箝之语，其说辞也，乍同乍异。其不可善者，或先征之，而后重累；或先重以累，而后毁之；或以重累为毁；或以毁为重累。其用，或称财货、琦玮、珠玉、璧帛、采色以事之；或量能立势以钩之；或伺候见涧而箝之。其事用抵巇。

译文

凡是揣度人的权谋、衡量人的才能，其目的都是为了征召和吸引或远或近的人才。一旦人才归附之后，就要确立相应的制度，考察和辨别人才的优劣，首先必须考察彼此之间的同与异，辨别言论的是与非，分析对内对外言辞的真伪，了解他们是否名副其实，是否有真才实学，是否能够提出决断安危的大计，确定亲疏之大事，然后权衡他们的轻重优劣，裁量彼此的长处和缺点，以便能够为己所用。一旦时势需要，就可以征召他们，依靠他们，任用他们。在与对方交谈时，要用一些话语诱导他们说出真实的意图和想法，从而洞悉他们内心的真情实感，再用褒扬的方法钳制对方。这就是“钩箝”之术。

钩箝之语，作为一种游说辞令，其特点就是诱导对方说话进而控制对方的语言，时而赞同对方，时而提出相反的观点。对于那些不易被游说辞令说服的人，或者先征召他们，然后恭维其才能，反复试探和感化；或者先恭维其才能，进而进行试探和感化，然后再对其缺点进行诋毁，挫其傲气；或者借恭维其才能之名，行诋毁其不足之实；或者借诋毁其不足之名，行褒扬其才能之实。如果对方已经被感化，并打算重用他，此前进行试探的方法有很多种，有的可以用赏赐财物、珠宝、璧帛、封地或美人以打动和引诱他们，从而观察其是贪是廉；有的则要确立相应的制度，立赏罚去就之势，以考察其内心真实感情和能力的高下；有的则需要等待其遇到艰难困苦之时抓住对方的弱点和漏洞，进而了解其智愚勇怯，控制对方。以上这些都要配合运用抵巇的方法。

原文

将欲用之于天下，必度权量能。见天时之盛衰，制地形之广狭， 阻险之难易，人民货财之多少，诸侯之交孰亲孰疏、孰爱孰憎；心意之虑怀，审其意，知其所好恶，乃就说其所重，以飞箝之辞钩其所好，以箝求之。用之于人，则量智能，权材力，料气势，为之枢机，以迎之随之，以箝和之，以意宜之。此飞箝之缀也。用之于人，则空往而实来，缀而不失，以究其辞。可箝而从，可箝而横；可引而东，可引而西；可引而南，可引而北；可引而反，可引而覆。虽覆，能复，不失其度。

译文

如果要将飞箝之术用于辅佐君王治理天下，就必须事先揣度君王的权谋智慧，衡量君王的才能，再观察天时的盛衰，考察地形的广狭，以及山川险要的难易，人民财货的多寡，还有君王对各方诸侯的亲疏远近、爱憎好恶，还要洞悉其人的意愿、胸怀、志向，弄清楚他的喜好和憎恶，然后投其所重与所好，采用具有诱惑性和针对性的说辞，求得采纳和重用，进而钳制对方。如果打算用飞箝之术对付诸侯，同样需要仔细揣摩对方的智慧和能力，权衡对方的实力，估量对方的气势，进而把握住关键之处，并以此为突破口，迎合他的意图、附和他的建议，控制并亲近他，进而运用飞箝之术引导对方顺着自己的思路行事，最终达成和议，促成合作。这就是运用飞箝之术以联结诸侯的办法。如果把飞箝之术用于游说他人，就是要用溢美的褒奖之词称赞对方，从而使其暴露真实的想法，讲出真实的情况，以此使结交亲密无间，从而进一步探究其言辞的真伪。若能如此，让他接受“合纵”他就会“合纵”，让他接受“连横”他就会“连横”；可以引之向东，也可以促其向西；可以引之向南，也可以促其向北；可以引之返还，也可以促其复去。如此运用飞箝之术，即使有暂时的覆败，也大多能转败为胜，恢复胜局，不致偏离基本的尺度。

智慧总结

本篇飞箝术主要讲述的是如何运用褒扬之词去收服人心，使对方被我们所控制、掌握。在此处“飞”是夸奖、表扬的意思，有意识地去给予肯定和赞许，以讨得对方的欢心，得到对方信任，使其暴露实情。“箝”是掌握住对方的一举一动，使之按照自己的意图行事。由此可知，“飞”的目的是为了“箝”。

飞箝术的目的是多种多样的，可以考察个人品行的好坏、能力的高低，也可以辨别事物的虚实或对错。本篇首先提到的就是如何运用飞箝术去识别人才、利用人才；也可以引诱对方说出我们想要探听的实情；还可以用之建立人与人之间的关系，以及分析天时、地利等外界环境，为自己做决策创造良好的条件。

飞箝术方法的运用多种多样，主要有引诱法、重累法、量能立势法三种。引诱法就是通过钱财、美色或声乐等去投其所好，来抓住对方的心理，使其掌握在自己手中；重累法就是采用反复试探或感化的方式使之接受自己的意见或建议；量能立势法就是在衡量对方实力后，确立相应的制度，立赏罚去就之势。三种方法在实际运用中又要因人而异，引诱法的对象必须具有某一方面的贪心；重累法的对象必须是具有正直、开明等良好品行之人；量能立势法的对象必须是善于表露心迹，自身有明显弱点的人。

总之，掌握了运用飞箝术的方法，明白了飞箝术的目的，便可对万事运筹帷幄，自身也可来去自如，这便是飞箝术的最高境界。

凡度权量能，所以征远来近

凡度权量能，所以征远来近。立势而制事……其有隐括，乃可征，乃可求，乃可用。引钩箝之辞，飞而箝之。

齐桓公不计私仇用管仲

公元前687年，齐襄公不理朝政，荒淫无道，以致民怨沸腾，国家大乱。为了避难，鲍叔牙随公子小白流亡莒国，管仲随公子纠逃往鲁国。不久，公孙无知杀齐襄公自立，后被杀，造成齐国君位空缺。

公子纠和小白听到这个消息都想赶回齐国争夺君位。管仲为了让公子纠当上国君，就带兵埋伏在莒国通向齐国的必经之路上，见到小白乘车而来，就用箭射倒车上的小白。他以为小白必死无疑，就放下心来，带领公子纠慢慢向齐国进发。

实际上，管仲的箭只射在小白的衣带钩上，小白灵机一动，咬破舌头，口吐鲜血，装死骗过了管仲。当管仲离开后，他急忙同鲍叔牙抄近路返齐，昼夜兼程，抢先赶回齐国都城，登上君位，为齐桓公。

齐桓公于是准备拜鲍叔牙为相，但鲍叔牙极力推辞，并极力推荐管仲。他说：

“管仲从小就是我的好朋友，他有经天纬地之才，如果拜他为相，齐国很快就能强盛。”

齐桓公不高兴地说：“管仲差一点射死我，我怎能重用仇人呢？”

鲍叔牙说：“当初，管仲是为了让公子纠登上君位才这样做的。国君不可只记私仇，而忘掉齐国的大业，以致失掉这位难得的人才。”

齐桓公见他说得有道理，决定重用管仲。他派人到鲁国，向鲁庄公说：“我们国君要报管仲一箭之仇，请把他交给齐国处治。”

鲁国大臣施伯知道管仲回齐后会被重用，将来肯定对鲁国不利，就极力劝阻鲁庄公不要交人。鲁庄公害怕得罪齐国，便命人把管仲装进囚车，送回了齐国。

管仲坐在囚车内，归心似箭。他深知自己返回齐国是好友鲍叔牙的主意，施展才能的机会就要来了。可是押解囚车的士兵行走速度非常慢，管仲心里着急，担心鲁庄公万一醒悟过来，派兵追赶就不好了。他想了个主意，编了一首名叫《黄鹄》的歌曲，唱给士兵们听。唱了两三遍后，他又教士兵一起唱。士兵们边听边唱，忘记了疲劳，行军速度逐渐加快，只一日半就到了齐国。

就在齐国君臣迎接管仲入境的同时，鲁国公子偃也带兵追来了。

原来，鲁庄公突然醒悟，放管仲归齐，等于放虎归山，急忙下令追杀，但已经晚了一步。

评析

飞箝是一种制人之术。“制人”可以分为两种：一是识人为己所用，这是国君与谋臣必须掌握的基本功；另一种就是利用对方的弱点把它铲除，这样就可以扫清前进道路上的障碍。在此齐桓公便是运用“制人”的前一种：识人为己用。本篇开始便提到“度权量能”，其目的就是要根据每个人的能力大小、所善专长来量才而用，使人尽其才，才尽其用。而不是大材小用，或小材大用。

齐桓公不因一箭之仇而心怀怨恨，其胸襟实在宽广，同时他又能听取鲍叔牙的意见，将管仲封为相国，更是难能可贵。后来管仲一心一意辅佐齐桓公，改革变法，励精图治，最终使齐桓公成了春秋霸主。

楚庄王以宽容之心得良将

公元前 606 年，楚庄王率领军队一举平定了斗越椒的反叛，天下太平。楚庄王兴高采烈地设宴招待大臣，庆祝征战胜利，并赏赐功臣，美其名曰

“太平宴”。

文武百官都在被邀请之列，只见席中觥斛交错，热闹异常。到了日落西山之际，大家似乎还没有尽兴。楚庄王便下令点上烛火，继续开怀畅饮，并让自己最宠幸的许姬来到酒席上，为在座的宾客斟酒助兴。大家本来喝得差不多了，一见美女频频向自己敬酒，都来了兴致，不觉又喝了半个时辰。

突然，外面一阵大风吹来，宴席上的烛火熄灭了。也许是醉意微醺，也许是看到许姬灿美若桃花的笑颜，一个人趁着漆黑，伸手扯住她的衣裙，抚摸她的手。许姬一时受到惊吓，慌乱之中，用力挣扎，不料抓住了那个人的帽缨。她奋力一拉，竟然扯断了。她手握那根帽缨，急急忙忙地走到楚王身边，凑到大王耳边委屈地说：“请大王为妾做主！我奉大王的旨意为下面的百官敬酒，可是不想竟有人对我无礼，趁着刚才烛灭之际调戏我。”

楚庄王听后，沉吟片刻。许姬又急又羞，催促他：“妾在慌乱之中抓断了他的帽缨，现在帽缨还在我手上，只要点上烛火，这事是谁干的自然一目了然！”

说罢，便要掌灯者立即点灯。楚庄王赶紧阻止，高声对下面的大臣说：“且慢！今日喜庆之日难得一逢，寡人要与你们喝个痛快。现在命令你们统统折断帽缨，把官帽放置一旁，毫无顾忌地畅饮。”

众大臣见大王难得有这样的好心情，都投其所好，纷纷照办。等一会儿点烛掌灯，大家都不顾自己做官的形象，尽情狂欢。

许姬对楚庄王的举措迷惑不解，仍然觉得委屈，便问：“我是大王您的人，遇到这种事情，您非但不管不问，反而还替侮辱我的人遮丑，您这不是让别人耻笑您吗？以后您怎么严肃上下之礼呢？妾心中还是不服！”

楚庄王笑着劝慰说：“虽然这个人对你不敬，但那也是酒醉后出现的狂态，并不是蓄意而为。再说我请他们来饮酒，邀来百人之欢，庆祝天下太平，又怎么能扫别人兴呢？按你说的，也许可以查出那个人是谁。但是如果今日揭了他的短，日后他怎么立足呢？我不就失去了一个得力助手吗？现在这样不是很好吗？你依然贞洁，宴会又取得了预期的目的，那个人现在说不定如释重负，对你对我感激不尽，以后肯定会对我更效力。”

许姬觉得楚庄王说得有理，考虑周全，就没再追究下去。

两年后，楚国率领军队讨伐郑国。主帅襄老手下有一位副将叫唐狡，毛遂自荐，愿意亲自率领百余人在前面开路。他骁勇善战，每战必胜，出师先捷，很快楚军就得以顺利进军。

楚庄王听到这些好消息后，面见襄老，要嘉奖他的战绩。襄老诚实地回答说："您要犒赏就重奖副将唐狡吧！要不是他在前面冒死打通层层关口，我们也不会这样顺利。"

唐狡站在庄王面前，腼腆地说："大王昔日饶我一命，我唯有以死相报，不敢讨赏！"

楚庄王疑惑地问："我何曾对你有不杀之恩？"

"您还记得'绝缨会'上牵许姬手的人吗？那个人就是我呀！"

评析

楚庄王以宽容之心"制人"，而后使其忠心为己所用。楚庄王揣摩到了臣子只是酒后失态，并非恶意之举，如点灯查办，就会失去一得力助手，于是便以宽容之心不了了之，这就为以后唐狡在讨伐郑国时立下战功埋下了伏笔。可见，智慧不只是表现在运筹帷幄中，而且也体现在简单行动中。楚庄王在酒宴上的一个简单举动，不但保全了许姬的名声，还就此得到一名尽忠的大将，从而赢得了一场战争。

唐太宗知人善任

唐太宗向来注重选拔人才，专门设置吏部，严格选拔任用贤能志士。他常常叮嘱右仆射封德彝说："官是民之父母，一个官吏就能决定人民的安危和苦乐，所以在选用时一定要谨慎行之，不能草率。要知道用一个能人，就如同引一条沟渠，人才就如水流都进来了。一旦用一个庸人，其他庸才就蜂拥而至。"

宰相魏徵常常和唐太宗谈论用人的标准，一次他进谏说："以前天下还没有安定下来时，选用人才主要考虑是否有才，没有看其德行；现在天下太平，官吏不需要南征北战，要为民父母，高尚的道德和品行就变得非常重要，因而我们的用人标准也要随之变动。”

唐太宗对此非常赞同，于是根据魏徵的建议吩咐下去，让吏部参照德才兼备的原则选拔人才。

过了一段时间，唐太宗见封德彝没有举荐贤才上来，于是质问他：“你的职责就是举贤荐士，最近你可全心全意地工作？”

封德彝无可奈何地说：“臣一直尽心尽力发掘人才，但是现在确实没有什么贤才！”

唐太宗听后，语重心长地说：“用人不可要求别人面面俱到，也不要看重他的出身门第和家庭背景。人才不在于有无，关键在于如何挖掘。你怎么可以用没有人才来推脱责任呢！难道要我去古代借用他朝的人才吗？一个人再贤能也不能出色地完成所有的事，各个行业都需要人才，所以要广开求贤之路，切莫求全责备！”

封德彝惭愧不已，低头表示说：“微臣以后一定唯才是举！”

从此，吏部改革选拔人才的制度，沿用隋朝的科举制。这个政策一推行，那些寒门庶族子弟都有资格参加科举考试了，为官的可以根据成绩升迁，为民的也能得到合适的官职。

唐太宗经常训导选拔人才的官员说：“不要害怕那些人的才能比自己强，如果你能给他提供用武之地，你自己得到的将更多。”他不在人才面前炫耀自己英明神武，反而对他们尊敬有加。他还命人在凌烟阁画了二十四位功臣的画像，不分出身贵贱。其中就有农民出身的徐世勋、铁匠出身的尉迟敬德和士卒出身的秦叔宝。

后来，唐太宗在午门接见士人时，看着鱼贯而入的进士禁不住大笑说：“天下的贤才都已被我网罗住了，此乃我朝大幸！”

这些贤臣得到了唐太宗的尊重和提拔，齐心协力地辅佐他，使得唐朝后来出现了国泰民安、太平盛世的“贞观之治”局面。唐太宗也因为“贞观之治”而名垂史册。

评析

运用飞箝术，首先要有知人善任的眼光，只有把贤能之士招到身边，才能让他们为自己出谋划策，成就一番事业。同时善用人者还能够做到礼贤下士，在谋臣面前虚心求教，不显示自己高人一等的方面。让谋臣得到完成每一件事的功劳，而自己得到的却是成就一番大业的功劳。所以说真正的王者，善于任用贤才，将天下能人志士聚集在自己身边。

或称财货、琦玮、珠玉、璧帛、采色以事之

其用，或称财货、琦玮、珠玉、璧帛、采色以事之；或量能立势以钩之；或伺候见涧而箝之。其事用抵巇。

周瑜巧施借刀杀人之计

三国时期，曹操带领80万大军，进攻江东孙权建立的东吴。不料初次交锋，曹操便被周瑜大败，他心里忧闷，便召集文武官员，商量进兵之策。曹操手下蒋干和周瑜是同学，便自告奋勇要求去东吴说服周瑜投降，曹操答应了他。

蒋干过江，直奔周瑜的营寨。周瑜正在帐中议事，听说蒋干来见，心中暗道：曹操的说客到了，我要做好准备。接着，周瑜压低声音，把他的计划告诉了众人，各位将领听完后就去执行命令。

周瑜迎接蒋干进帐，让文武官员和他相见，接着大摆酒席，招待蒋干。周瑜将盔甲和宝剑交给属下，并告诉所有人，蒋干是我的同窗好友，今天只叙友情，不谈军事。如有人违犯，定斩不饶。蒋干一听，吓出一身冷汗，哪里还敢提劝降的事!

宴会结束后，周瑜留蒋干同宿。周瑜脚步踉跄，没脱衣服，就上床睡觉去了，只一会儿，便鼾声如雷。蒋干心中有事，望着桌上灯烛，哪里睡得

着。三更时分，他悄悄起床，只见桌上放着许多来往的信，里面竟有一封“蔡瑁、张允收”的信。蒋干大吃一惊，打开一看，竟是曹营水军都督蔡瑁、张允暗中勾结东吴，并打算割了曹操的头来献给周瑜。

这时，周瑜翻了个身，蒋干连忙把信藏在怀里，周瑜含糊地说着梦话。下半夜时，蒋干听到有人进来小声地唤醒周瑜，周瑜迷迷糊糊问：“谁睡在我床上？”来人说：“都督自己请蒋先生一起睡的，怎么倒忘了？”来人又低声说了一句：“江北有人来了。”周瑜连忙喝住，回头轻声叫唤蒋干，蒋干不应，周瑜就悄悄下床，走出屋子和那人说话。蒋干假装睡着，却竖起耳朵，隐隐约约地听到有人说，张、蔡两都督说一时还不能下手……以后声音越来越低，就听不清楚了。

一会儿，周瑜回来，又唤了几声“蒋干”，蒋干仍装睡不应。周瑜见蒋干睡得正香，才放心地上床睡了。蒋干怀揣书信，哪里还睡得着，暗想：周瑜心细，天亮发现书信不见，必然怀疑我。于是连夜渡江向曹操复命，并拿出信向他报告。

曹操听过报告，看完信，大怒：“叫蔡瑁、张允进来见我。”蔡、张两人进来后，曹操问道：“我想让你们领兵攻打东吴。”蔡、张说：“水军还没有训练好，不能轻易出战。”曹操厉声说：“等水军操练好，我的脑袋就要搬家了！”不等他们答话，就下令杀了他们。等刀斧手捧着两人脑袋上来，曹操才突然醒悟，知道中了周瑜的反间计。但他死不认错，又令毛蚧、于禁做水军都督，代替两人统领水军。

消息传到东吴，周瑜非常高兴，对众人说：“这两人久住江东，熟悉水战，只有除掉他们，才能解除我的心腹大患啊！”

评析

要想成功运用引诱法，就必须摸清对方的性格特点和意图。周瑜之所以能够成功，就是预料到蒋干前来的目的是为了劝降，便提前设下圈套等蒋干来钻。

周瑜在此运用的便是飞箝制人术的另外一种：铲除前进道路上的绊脚

石。欲破曹操80万水军，必须先除掉水军都督蔡瑁、张允这两个心腹大患。从飞箝术的运用方法来看，周瑜运用的是引诱法，其计谋成功的关键引诱人物便是蒋干。周瑜先以同学之情留蒋干同宿，引诱其“偷看”书信，而后又在半夜引诱蒋干“偷听”军情，进一步使其深信不疑，并最终借曹操之手杀了蔡瑁与张允。

孝庄后美色牵制多尔衮

清朝建立以后，为了保护儿子的皇位，皇太后不惜贡献出自己，下嫁给大臣。这位皇太后便是清朝入关后第一个皇帝顺治帝的母亲博尔济吉特氏，史称孝庄后。

孝庄后是清朝奠基者皇太极（史称清太宗）的皇后。公元1643年，皇太极未能看到清朝的最后胜利便溘然长逝。皇室成员展开了激烈的帝位争夺战，其中最具实力的是皇太极的弟弟多尔衮和皇太极庶出的长子豪格。

孝庄后却有自己的想法。此时，她的小皇子福临年方6岁，他是皇太极的嫡亲儿，最具有继承帝位的资格。可是，他们孤儿寡母，若不能得到实力派的支持，帝位是降临不到他头上的。为此，孝庄后单独召见了多尔衮，提出让福临继承皇位，而多尔衮为摄政王，全权负责国家大事。他虽没有皇帝的头衔，却握有皇帝的实权。

多尔衮对这位美丽聪慧的皇嫂早已存有爱慕之心，又觉得她的安排对自己有好处，便同意了。后来，刚刚7岁的福临成了皇帝，史称顺治帝。

对于福临的继位，多尔衮是有汗马功劳的。他并没有放弃当皇帝的念头，他手握军政大权，又将与他争夺帝位的豪格幽禁而死，另一位摄政王也被贬官。他唯我独尊，势焰熏天，根本不把小顺治放在眼里，凡事独断专行，从来也不向顺治禀奏，只等一个合适的时机可以取而代之。

孝庄后（此时已是皇太后了）意识到局势的危险，忧心忡忡，怎么样才能扭转这个局面，保住幼子的皇位呢？多尔衮自然不稀罕什么官爵、钱财，但多尔衮极好色，孝庄后也知道多尔衮长期以来一直对自己怀有好感，并有据而有之的念头。此时此刻，为了保住儿子的皇位，也只有贡献出自己这一个办法了。此后，她故意在多尔衮面前展露风情，多尔衮怎能抵挡住这种诱惑？便留宿宫中，孝庄后终于以自己的美色将多尔衮牢牢地笼络住了。

公元 1645 年，二人宣布正式结婚，为此朝廷还下了一道正式的诏书，大意是说，皇父摄政王丧偶，皇母皇太后寡居，众大臣同词吁请，以为皇父皇母不宜分居，应当合宫同居，此议甚合朕心，谨请皇父皇母于某年某月某日行大婚典礼，合宫同居，以便朕得以及时尽孝。等到孝庄后大婚的这天，文武百官一律朝贺，朝廷还因此大赦天下。

这段政治联姻，使多尔衮被控制在孝庄皇太后手中，多尔衮纵有篡位野心，也慑于孝庄皇太后的压力和监视而无法有过分的行动。

后来，福临渐渐长大，身边已有了自己的心腹，培养起了自己的势力。为了彻底消除身边的隐患，孝庄皇太后终于不顾与多尔衮多年的夫妻情分，派人将他杀掉。至此，迎来了顺治帝长达 11 年的统治。

评析

此处美人计的运用与抵巇术中的美人计有不同之处，抵巇术中的美人计利用的是人与人之间的“巇”来除掉诱惑的对象，此处孝庄太后是以美色引诱控制多尔衮。为了保住幼子的皇位，扭转不利局面，便抓住多尔衮好色的弱点，下嫁于他。这不仅成功牵制住了多尔衮，也给了年幼的顺治帝成长的机会，从而使他最终除掉了多尔衮。

袁枚夸奖他人戴高帽

袁枚是清朝非常有名的才子，名满天下。他对为人处世之道很精通，尤其善于给别人戴“高帽子”，且每次戴都是“百发百中”。

他考取功名后，被朝廷任命为地方县令。赴任之前，他特地去向老师尹文瑞辞行。老师问他：“你现在年纪轻轻就受到朝廷重用，一定要谨慎行事，做好充分的准备。不知道你此次赴任前都为自己做了哪些准备工作啊？”

袁枚说："老师，我已准备好了一百顶高帽子，其他方面没有什么。"

尹文瑞是乾隆时期的一位名臣，不仅学问好、知识渊博，而且德行、操守堪称一流。他听了袁枚的话，很不高兴地说："年轻人怎么搞这一套？太庸俗了！"

袁枚对老师恭敬地说："现在社会上人人都喜欢戴高帽子，不准备不行。说句真心话，世上有几个人能像老师这样富有德行和操守，不喜欢别人送高帽子呢？"

尹文瑞一听，不禁频频点头，认为他说得很有道理，脸上也转忧为喜了。

当袁枚从老师那里回来后，同学纷纷问他与老师谈得怎么样。袁枚把经过述说一遍，感慨道："看来，多准备些高帽子的确不错。老师那里我已送出一顶了！"

评析

在飞箝术中，飞的意思就是运用褒扬之词去夸奖、表扬对方，也就是俗称的"拍马屁""戴高帽"。飞箝术主要就是使用者以恭维、抬举对方为手段，把不是出自内心实感的话讲给别人听，以消除与对方的矛盾与争端。从其运用方法上来看，也是一种引诱法，其关键便是抓住了世人皆有爱好美名、美食、美色的特点，而美言也不例外。

在给别人戴"高帽子"时，必须掌握好一定的尺度，既要善于适度地利用戴"高帽子"赢得他人的赞赏和喜爱，也要避免陷入阿谀奉承、一味溜须拍马的境地；既要善于给别人戴"高帽子"，也要善于鉴别人家给自己送的"高帽子"，尤其要提防被别有用心的人所利用。

用之于人，则量智能

用之于人，则量智能，权材力，料气势，为之枢机，以迎之随之，以箝和之，以意宜之。此飞箝之缀也。用之于人，则空往而实来，缀而不失，以究其辞。

蒯通陈说利害取范阳

秦朝末年，农民起义军风起云涌。其中武信君率领的起义军攻下赵国的10座城池，继续向前攻取范阳等其他城池。范阳县令死守范阳，誓与武信君抗衡到死。

蒯通前去拜见范阳令，弓着腰说道："听说您就快要死了，所以我特来吊丧！"

范阳令大怒，命令手下将他拉出去砍掉。蒯通大叫道："等我把话说完，你再碎我尸体也不迟。"

范阳令便叫他快说理由。

蒯通说："您当范阳令已有10年了。这10年里由于秦朝法律严酷，所以您依照法律杀死的人已不计其数。虽然您使这么多人成了寡妇、孤儿，但这10年里，却没人敢用刀子捅您的肚子，这并不是因为你肚皮厚，而是因为法律严，他们害怕秦法罢了。现在天下大乱，谁曾见秦法的实施？那些被您杀害过亲人的人会甘心让您活吗？他们一定会拿刀子来杀您的，这就是我来吊丧的原因。"

范阳令听完，忙叫侍卫退下，让蒯通坐下，恳求道："我又何尝不知呢？可又有什么办法呢？"

蒯通说道："现在各诸侯都背叛朝廷，武信君的大兵即将临城，而您却想坚守范阳，以羸弱之卒，抗百万雄师。您不知道吧，县里有许多人都想杀了您，拿您的人头来献给武信君，谋一份奖赏呢！"

范阳令面露忧色，当即痛哭流涕，请求蒯通帮忙。

蒯通说："幸好您遇见我，可以不用死了。您现在马上派人随我去见武信君，您就可以转危为安了。"

范阳令立即命人保护蒯通去武信君驻地。蒯通到了武信君的面前，对武信君说道：“您如果听我的计谋，不发一兵一卒，便可轻易占领许多城池。”

武信君忙问他有什么计策。蒯通小声说道：“您只需传递战书便可平定千里！”

武信君不太相信。蒯通又大声说道：“现在范阳令胆怯怕死，贪图富贵，想赶在别人前面先投降，却又怕您像攻下前面10座城那样把他杀了。您为什么不让我带着侯印，去拜见范阳令并封他为侯呢？如果他被封侯，那其他城池的守将知道后，都会来投降的。所以，仅靠封一人为侯便可以轻取数城。”

武信君虽不太相信，但还是照他说的去做了。

果然，赵国的人们听到范阳令被封侯的消息后，纷纷不战而降。

评析

蒯通在此游说范阳令运用的便是量能立势法。他仔细分析出对方单薄的实力无法与武信君抗衡时，便向范阳令提出自己劝谏的合理性，从而使其欣然接受了自己的建议。这种游说方法并非轻易就能做到的，它需要准确判断当前形势，分析各方利害，如果没有准确的信息，只凭借脑瓜聪明是不可能做到的。

甘夫人见缝插针巧进言

三国时期，刘备心怀大志，一心想复兴汉室，灭曹吞吴，进而统一天下。他出身低贱，原是一个贩卖草鞋的乡村农民，但他努力进取，终于在蜀汉之地建立了属于自己的政权。

一开始，他还能克制自己贪图享受的心理，但是越到后来他就越安于现状，没有了以前的斗志。谄媚之徒也都围绕在他身边。这一切都被他的妻子甘夫人看在了眼里。

甘夫人是刘备驻守徐州时纳的小妾。刘备对她十分宠爱，一方面因为她貌美异常，身姿优美，肌肤如玉；另一方面，甘夫人知书达礼，通晓人情世故。刘备的原配糜夫人去世后，刘备就把甘夫人带在身边，舍不得和她分开。

刘备盘踞在巴蜀之后，把里里外外的事务交由丞相掌管，也不再考虑兴复汉室基业的目标。那些小人见刘备丧失了往日的斗志，便想出各种花招讨他欢心。

一次，一位地方官吏给刘备送来一个用玉雕琢而成的人像。人像有 4 尺高，质地精良，熠熠生辉；精雕细琢，栩栩如生。刘备一见欣喜不已，拥着甘夫人，指着玉人说："你的肌肤可以和这个玉人相提并论啊！"

从此，他把玉人安放在自己的卧室里，一边欣赏冰清玉洁的甘夫人，一边把玩玉人，两相对照，爱不释手。

甘夫人见刘备玩物丧志，还为自己寻找冠冕堂皇的理由，心中甚是着急。如果长此以往，刘备就会沉溺于安逸之中，不思进取，最终英雄沦为平庸之辈。可自己是一个妇道人家，如果向他直言进谏，似有参与政务之嫌；如果摔碎玉人，恐怕刘备会怨恨自己，破坏夫妻关系。这天，她在房中看着玉人，心中一个激灵，想起了"子罕不以玉为宝"的故事。

等到晚上，刘备回来，甘夫人柔声说："你这样喜欢玉，我来给你讲个有关玉的故事吧！"

刘备很有兴致，于是催促道："好啊！快讲！"

"春秋时期，宋国的正卿子罕收到了别人送来的一块宝玉，那玉浑然天成，和你的玉一样，也是人的形状。但是子罕断然拒绝了，说：'你送来的宝物委实罕见。你以玉为宝，而我以廉为宝。如果我接受了，你和我都丢失了各自心爱的东西，你还是拿回去吧！'那个人对子罕敬佩不已，逢人就说'子罕不以玉为宝'，这个故事一直流传到今天。"

刘备听后若有所思。甘夫人接着说："同样是玉石，子罕不以为宝，而你却爱不释手，抚玩不止。玩物必丧志，居安要思危，现在还有两大对手尚未消除，你任重而道远啊！"

刘备惭愧不已，当着甘夫人的面就把那玉人摔碎了。他从此远离那些奸佞之徒，勤于政务。

评析

甘夫人在劝说刘备之前充分考虑到自己的智能，怕直言相劝有参与政务之嫌。在权衡利弊的情况下便借故事启示刘备，不但达到了目的，还进一步加深了夫妻间的感情。由此可见，劝谏别人时，不仅要注意说话的方式，还要讲究策略。在别人不经意间，抓住有利时机，或借用比喻，或委而婉之，或反面论说，都可达到进谏的目的。

丰庆严于律己劝知县

明朝的时候，大臣丰庆在河南担任布政使。他为官正直，严于律己，素以公正廉明闻名官场。他经常到下属的各个州县考察官员的政绩和德行，察看有无贪污受贿的现象。

一次，一位知县听说丰庆要来本县巡查，他经常授受贿赂，担心自己贪赃枉法的事情传到丰庆耳朵里。为了让丰庆手下留情，就想方设法讨好他，但又担心秉性正直的丰庆不接受，弄得自己很尴尬，所以他想出了一个主意。

这天，知县前来丰庆的住处拜访，两个人谈了一会儿，将要告辞。知县从怀里掏出一捆用纸裹好的东西，像蜡烛一样长，一根一根的。他微微弯腰，面带微笑说："这一包蜡烛不成敬意，算是下官送给您的见面礼，还望您笑纳。"丰庆看这位县官满脸诚恳，对自己热情有加，不好当面拂了他的意。再看那些东西的确没有什么异样，不过是几根蜡烛，就含笑收下了。

到了晚上，丰庆和往常一样看完书后方安睡。随行的侍者到书房去点蜡烛，一拿起来，沉甸甸的。再仔细看那蜡烛，外表一层是蜡油，蜡烛的中心全是黄金。

"怎么蜡烛点不着吗？"丰庆见还没有掌灯，在外面问道。

"世上哪有能够点着的黄金呢？"侍者回答，然后把蜡烛的实情一五一十地告诉了丰庆。

"我们接受的是蜡烛，蜡烛点不着，对于我们又有什么用呢？谁送来的再送回去就是了！”丰庆吩咐把那些黄金蜡烛原封不动地包好，退回去，并交代了一句话：“你送给我的蜡烛点不着，再换几支可以点燃的蜡烛吧！只是小心玩火自焚！以后不要再做这样的傻事了。”

知县接到退回来的黄金蜡烛不禁提心吊胆，心想自己被革职查办的时候不远了，正打算弃官而去。几天过后，竟然没有什么动静。等再次遇到丰庆，知县连忙磕头认罪。丰庆说：“你只是拿错了蜡烛，以后做事小心些。这件事情我不会张扬出去，你能认识到自己的错误就是给自己一个改正的机会，多为百姓做些好事吧！”

知县从此再也不敢为非作歹、压榨百姓了。

评析

丰庆在此劝诫知县运用的依然是量能立势法。从实力对比上看，小小的知县与布政使根本无法相提并论，但丰庆明知对方有受贿之事，却并不直言相劝，更没有责备他的行贿，而是以还烛暗中点醒知县，告诫其应该为官清廉。丰庆的劝诫十分合理，不但给了知县悔过自新的机会，同时也以恩德使其深受感动，从而使其真心接受了丰庆委婉的劝诫。

第六篇 忤合术

原文

凡趋合倍反，计有适合。化转环属，各有形势。反复相求，因事为制。是以圣人居天地之间，立身御世，施教扬声明名也，必因事物之会，观天时之宜，因之所多所少，以此先知之，与之转化。

世无常贵，世无常师。圣人常无为无不为，无所听无不听，成于事而合于计谋，与之为主。合于彼而离于此，计谋不两忠，必有反忤。反于是，忤于彼；忤于此，反于彼。

译文

世间万事，无论有关联合统一还是对抗相悖的事情，都会有适宜各种状况的不同计谋。万物分合的变化就如同连环旋转一样变化无穷，会依据情况的变化不同而转换，从而形成不同的形势。因此，谋臣在制定策略时，应该根据循环往复的实际情况的变化，寻求最佳的计策，并且制定不同的措施去适应不断变化的情况。所以，圣人立于天地之间，无论是立身行事，还是施行教化，扩大和宣扬自己的地位和声望，都必须洞悉事物发展变化的规律，观察天时变化的合宜与否，抓住有利时机，权衡利弊，从而了解行政教化的优势在何处，劣势在何处，如此随情况的变化而制定不同的方略，才能促进事态向利于自己的方向转化。

世间没有永恒的尊贵，做事也没有可以永远师法的榜样。圣人经常无所作为而无所不为，常无所兼听而无所不听。假如事情必然能成功，而且又合乎计谋的原则，就应该以此作为主体。虽然合乎彼方的意思，但是背离此方的原则，这就叫作“计谋不两忠”。其中必有顺逆的道理存在：既背叛此方，又忤逆彼方；既忤逆此方，又背叛彼方，这就是“反忤之术”。

原文

其术也，用之于天下，必量天下而与之；用之于国，必量国而与之；用之于家，必量家而与之；用之于身，必量身材能气势而与之。大小进退，其用一也。必先谋虑，计定而后行之以飞箝之术。

古之善背向者，乃协四海、包诸侯，忤合之地而化转之，然后以之求合。故伊尹五就汤，五就桀，然后合于汤。吕尚三就文王，三入殷，而不能有所明，然后合于文王。此知天命之箝，故归之不疑也。

译文

假如把这种反忤之术运用到治理天下上，一定要根据天下的实际情况来运用它；如果要把这种反忤之术运用到治理邦国上，就要根据邦国的实际情况来运用它；如果要把这种反忤之术运用到治家上，就必须根据家的实际情况来运用它；如果要把这种反忤之术运用到个人事业上，就必须根据个人的才能气概运用它。反忤之术的运用，不管是大是小，是进是退，其运用的方法及道理都是相通的。一定要先思谋考虑，确定好计谋策略，而后再以飞箝之术付诸实施。

古代那些善于运用向背之理、反忤之术的人，就可以协和四海，包容诸侯，可以驱置到忤合的境地，然后设法变化，转移形式，开创新王朝。所以贤相伊尹五次臣事商汤王、五次臣事夏桀王，然后才决定一心臣事商汤王奉为真主。姜太公吕尚三次臣事周文王、三次臣事殷纣王，可是他对殷纣王却无法理解，然后才决定一心臣事周文王奉为真主。这就是知道了天命的规定，所以伊尹和吕尚才义无反顾地归顺商汤王和周文王。

原文

非至圣达奥，不能御世；非劳心苦思，不能原事；不悉心见情，不能成名；材质不惠，不能用兵；忠实无真，不能知人。故忤合之道，己必自度材能、知睿，量长短、远近、孰不如，乃可以进，乃可以退，乃可以纵，乃可以横。

译文

假如不能达到高深的圣人境界，就不能治理天下；如果不费心苦苦思索，就不能弄清事物的真实面目；如果不尽心发现真实情况，就不可能成就声名；如果素质才干不够也不聪慧，就不能运筹帷幄，把握战机；如果不能做到忠厚朴实，就不能识别任用人才。所以，忤合之术的法则是，一定要估量好自己的才能智力，认识到自己的长处和缺点，知道什么地方优于别人，什么地方不如别人。这样才能够纵横进退，运用自如。

智慧总结

“忤”是忤逆、反忤的意思，也就是违背了事物发展的要求，与其规律背道而驰的；“合”则是符合、顺应的意思，即遵循事物的发展要求和变化规律。本篇忤合术讲述的就是关于分合与向背的问题，强调要善于把握两者间相互转化的态势，只要顺势而行，便可纵横自如。

文中首先讲到“忤”与“合”是可以相互转化的，不同的事物有其各自的变化特点，即使同一事物在不同的发展阶段表现形式也不尽相同，所以对待不同的事物或同一事物的不同阶段就要用不同的方法。凡善于顺应时势、把握机会者，便可随心所欲地选择自己背离的对象或是亲近的对象。

其次，文中说到的是如何运用忤合之术。由于事物不但有共性，还有其个性，所以在实施计谋时不可千篇一律，还须灵活运用。决策时应充分考虑到实际条件，以符合实际情况和实际问题的要求，要“反复相求，因事为制”，在对比中求得自己最合适的位置。

从运用方法来看：要想使决策被游说对象采纳，就必须应和他的心意。首先，要做到因人而异，针对不同的游说对象要采取不同的游说方法；其次，就是确定具体的游说方法，在此要结合上篇飞箝术的运用方法，或引诱，或恫吓，或刚柔并济，有了切合实际的游说对策，才能正确选择是“趋合”还是“倍反”。

最后，文中说到的就是运用者如何才能具备制定合理决策和顺利实施策略的素质。圣人般的高尚品德、勤于思考的探求态度、洞察万物事理的眼光、灵活多变的头脑、善辨真伪的能力，都是运用者不可缺少的素质要求。

总之，无论是谋臣还是说客，只要能够了解自身的情况和对方的能力，便可成功施展忤合术，使自己“乃可以进，乃可以退，乃可以纵，乃可以横”。

化转环属，各有形势

凡趋合倍反，计有适合。化转环属，各有形势。反复相求，因事为制。

郑庄公偷梁换柱吞戴国

周桓王三年（公元前 717 年），郑庄公假托周天子之命，纠合齐、鲁两国攻打宋国。宋殇公听说此事，大惊失色，急忙召来司马孔父嘉问计。孔父嘉奏道：“我已派人打听清楚，周天子并无讨伐宋国之命，齐、鲁两国是受郑庄公的欺骗才出兵的。现在三国合兵而来，其锋甚锐，不可与它正面开战。但其国内防守必然空虚，只要我们以重金收买卫国，要卫国联合蔡国，以轻兵袭击郑国本土，威胁郑都荥阳，这样，郑庄公就自然会退兵。郑兵一退，便群龙无首，齐、鲁两国也必退。”

宋殇公听从了孔父嘉的献策，卫宣公果真派右宰丑领兵与孔父嘉会合，经由间道，出其不意，直逼郑都荥阳城下。郑世子忽和大夫祭足急忙守城，右宰丑便要趁势攻城，孔父嘉说：“我们袭击荥阳得手，只是乘其不备，如果继续攻城，万一郑庄公回兵救援，将会对我形成内外夹攻之势，那是很危险的，不如就此借道戴国，胜利回师。我估计当我军离开时，郑庄公的兵马也该从宋国撤退了。”于是，按照孔父嘉的布置，宋、卫两国向戴国进发，想从戴国假道。不料，戴国国君以为宋卫是来攻打戴国的，便关上城门死守。孔父嘉大怒之下，多次攻城，但总也攻不下来。

郑庄公领兵攻打宋国，忽然听说宋、卫两国正进逼郑都，便传令班师。当大军回到半路时，又接到国内送来的军报，说是宋、卫已撤离荥阳，转向戴国，郑庄公便命令军队向戴国进发。

孔父嘉正率联军攻打戴国，听说郑国领兵救戴，已在离城 50 里处下寨。接着，又听说戴君得知郑兵来救，已打开城门将郑军接到城内。孔父嘉和右宰丑出来观战，忽然见城楼上竟遍插郑军旗号，郑将站在城楼上，大声说多谢二位将军，我们已经取得戴城了。

原来郑庄公设“偷梁换柱”计，假说救戴，一进城，便吞并戴军。孔父嘉在城外见郑庄公不费吹灰之力便占了戴城，义愤填膺，决心要与郑庄公决一死战。

第二天，他刚把寨营安好，忽听寨后一声炮响，火光冲天，都说是郑兵到了，孔父嘉刚要出寨迎战，火光却熄了。方要回营，左边炮声又响，又是火光不绝。刚要看个究竟，左边火光已灭，右边火光又起。孔父嘉认为这是郑庄公的疑兵计，命令全军不许乱动。

不一会儿，左边火光又起，而且喊声震天。孔父嘉正想前往营救，忽然右边火光再起，一时分不清是谁的人马，孔父嘉只好挥军向左，慌忙间迷失了方向，遇上一队兵马便互相厮杀起来，结果发现竟是卫国的人马！于是两军合在一起，赶回中营，却发现中营已被郑将占领，孔父嘉无心恋战，夺路而走，遇上伏兵，只得弃车徒步，逃回宋国。跟随的只有 20 多人，右宰丑阵亡，三国兵马辎重，也全被郑军俘获。

评析

有些事反其道而行之要比按部就班去做得到的效果更佳，这就是所说的“忤合之而转化之”，其成功运用的关键在于灵活变通地把握，才可找到克敌制胜的办法。

宋、卫两国只是想从戴国借道而已，本无“忤”意，却被戴国误解，发展到兵戎相见；郑庄公表面打着救戴的“合”意，实际上利用宋、卫两国灭掉了戴国，其“合”是假，其“忤”才是最终目的。郑庄公成功的原因就是适时利用了忤合相互转化的条件。

张英让人三分化干戈

清代中期，当朝宰相张英是安徽桐城人。他素来注重修身养性，颇得他人的喜欢和尊重。同时他也非常孝敬父母，在朝廷任官时，把母亲安顿在家乡，并经常回家探望。张老夫人的邻居是一位姓叶的侍郎。张英在一次回家看望母亲时，觉得家中的房子呈现出破败之象，就命令下人起屋造房，整修一番。安排好一切后，他又回到了京城。

很巧的是，侍郎家也正打算扩建房屋，并想占用两家中间的一块地方。张家也想利用那块地方做回廊。于是，两家发生了争执。张家开始挖地基时，叶家就派人在后面用土填上；叶家打算动工，拿尺子去量那块地，张家就一哄而上把工具夺走。两家争吵过多次，有几次险些动武，双方都不肯让步。

张老夫人一怒之下，便命人给张英写信，希望他马上回家处理这件事情。张英看罢来信，不急不躁，抖起如椽大笔写下一首短诗：“千里家书只为墙，再让三尺又何妨？万里长城今犹在，不见当年秦始皇。”封好后派人迅速送回。

张老夫人满以为儿子会回来为自家争夺那块地皮，没想到左等右等只盼回了一封回信。张母看完信后，顿时恍然大悟，明白了儿子的意思。为了三尺地既伤了两家的和气，又气坏了自己的身体，这样太不值得。老夫人想明白，立即主动把墙退后三尺。邻居见状，深感惭愧，也把墙退后三尺，并且登门道歉。这样一来，以前两家争夺的三尺地反而形成了一条六尺宽的巷子。

当地人纷纷传颂这件事情，引为美谈，并且给这条巷子取了一个特别的名字——六尺巷。有人还据此作了一首打油诗：“争一争，行不通；让一让，六尺巷。”

评析

可以利用“合”转变为“忤”，同样也可以利用“忤”转化为“合”。张英以宽广的胸怀不仅化解了邻里之间的矛盾，还融洽了双方的关系，从而更有利于事情的圆满解决。张英在此并没有运用什么高超的计谋，而是以博大的胸怀化解了争端。化“忤”求“合”，这是上上之策，对我们处世为人也有着很好的启迪。古语有“小不忍则乱大谋”之言，如今又有“退一步海阔天空，忍一时风平浪静”的说法。可见忍让有时也是一种策略，退的目的是为了更好地进。

合于彼而离于此，计谋不两忠

世无常贵，世无常师。圣人常无为无不为，无所听无不听，成于事而合于计谋，与之为主。合于彼而离于此，计谋不两忠，必有反忤。反于是，忤于彼；忤于此，反于彼。

郑庄公、赵匡胤远交近攻

春秋初期，周天子的地位实际上已经被架空，群雄并起，逐鹿中原。郑庄公在此混乱局势下，巧妙地运用“远交近攻”策略，取得当时称霸的地位。当时，郑国的近邻宋国、卫国与郑国积怨很深，矛盾十分尖锐，郑国时刻都有被两国夹击的危险。

于是，郑国在外交上采取主动，接连与较远的邾、鲁等国结盟，不久又与更远的实力强大的齐国签订盟约。

公元前 719 年，宋、卫联合陈、蔡两国共同攻打郑国，鲁国也派兵助战，将郑都东门围困了五天五夜。虽未攻下，但郑国已感到本国与鲁国的关系存在问题，便千方百计想与鲁国重新修好，共同对付宋、卫。

公元前 717 年，郑国以帮邹国雪耻为名，攻打宋国。同时，向鲁国积极发动外交攻势，主动派使臣到鲁国，商议把郑国在鲁国境内的访枋交归鲁国。果然，鲁国与郑国重修旧谊。齐国当时出面调停郑国和宋国的关系，郑庄公又表示尊重齐国的意见，暂时与宋国修好。齐国因此也对郑国加深了“感情”。

公元前 714 年，郑庄公以宋国不朝拜周天子为由，代周天子发令攻打宋国。郑、齐、鲁三国大军很快地攻占了宋国大片土地。宋、卫军队避开联军锋芒，乘虚攻入郑国。郑庄公把占领宋国的土地全部送与齐、鲁两国，迅速回兵，大败宋、卫大军。郑国乘胜追击，击败宋国，卫国被迫求和。这样，郑庄公努力扩张，霸主地位形成了。

下面还有一则以远交近攻为计来忤合离间的例子。

赵匡胤上台后，杯酒释了老战友们的兵权，驯服了节度使“十兄弟”，杀了兵变时为他开门放行的封邱守门官，这一些均为近攻。

陈桥兵变时，陈桥守门官忠于后周，闭门防守，不放赵军通过。赵军改走封邱，封邱守官开门放行。赵匡胤当皇帝后，杀了封邱守门官，起用了陈桥守门官。

在近攻的同时，赵匡胤也十分注重远交。他很注意发现人才，起用了很多没有资历但很有才学的人担当重任。

一次，赵匡胤宴请群臣，翰林学士王著喝醉了酒，当众痛哭后周故主。有人上奏说应当严惩。赵匡胤说：“在世宗时，我和他同为朝臣。一个书生，哭哭故主，没有什么问题，让他哭吧！”王著什么事也没有。

一次，赵匡胤乘驾出游，突然，有人向他射来一箭，正中黄龙旗。禁卫军大惊，有人上奏追捕杀手。赵说：“谢谢他教我箭法。”下令不准禁卫军追捕射箭人。

赵匡胤的近攻，有效地抑制了功臣和皇亲国戚势力的不良发展；远交则网络了大批人才，创造了宽松的政治气氛与社会环境，促进了国家的发展。

评析

“合于彼而离于此，计谋不两忠”的意思是说运用的计谋使双方的利益产生了冲突，在维护一方利益的同时，就会损害到另一方的利益，这时就要运用到忤合离间术，其特点就是表面上合于此方，为此方作打算，其实得利的是彼方。郑庄公远交鲁、齐，表面是合好，好像有利于齐、鲁两国的发展，其实是在为自己能够一心一意地“近攻”创造条件，其计谋的使用还是更有利于自己，在强大自己的同时，相对削弱了远交之国。

赵匡胤近攻巩固皇位，但远交曾经对自己不利的人，这是为何？表面仍是打着“合”的旗号，实际上又网络了一批对自己忠心耿耿的人才，使他们为己所用，其利还是更多地在自己一方。

秦国用离间计胜长平之战

秦国在统一六国的进程中，首先是对邻国魏、韩大肆攻伐，夺取土地后，经过精心谋划，开始了对赵国的攻伐。公元前 261 年，秦攻取赵国上党；公元前 260 年，秦将王龁率军攻打赵国长平。长平是秦军进入赵国的门户，地理位置十分重要，两国对此都十分清楚，因此都派出了主力和精锐。赵国派经验丰富的老将廉颇据守长平，无论秦军怎样攻打，赵军就是不肯出战。尽管开始的时候秦军取得了一些小胜，斩杀了几名赵将，夺取了几座城池，但始终无法取得决定性的胜利。

战局的发展引起了赵国内部的争论，一方主张求和，一方坚持主战。最后主战派占了上风。赵国派人前往魏国，劝魏王与赵国合纵抗秦。秦国也怕魏国与赵联合，也派人到魏国连横。魏国这时候大要两面派，表面上答应援赵，实际上是挑动赵国与秦国一战再战，试图待双方元气大伤后，自己坐收渔翁之利，操纵关东局势。赵国自以为魏国真会帮助自己，于是下定决心与秦国血战到底。

秦国发誓要拿下长平，在国内征召了 15 岁以上男子从军上前线，摆开与赵国决战到底的阵势。历史也可以证明，长平之战实际上是秦国与关东诸侯国命运的大决战。这年七月，秦军又夺取了赵国的许多土地。足智多谋、能征善战的老将军廉颇看准了秦国锐气日益消耗，战斗力大不如前的时机，便突然发动反击，夺回部分失地，然后选择有利地形坚守不出。秦军数次挑战，廉颇仍坚壁固守，秦军再没前进半尺。战役进入相持阶段，呈胶着状态。时间一久，毕竟对补给线太长的秦军不利。秦王急忙召集群臣商议对策。

秦国此时听说赵王对廉颇据守不出十分不满，多次派人到前方督战，而廉颇以“将在外，君命有所不受”为由坚持固守。听到这个消息，范雎觉得机会来了。他立即向秦王进献反间之计，派奸细潜入赵国，散布流言蜚语，说廉颇害怕秦国，担心失败会毁了自己一世声誉，所以只是坚守不出。还说，秦国人不怕廉颇，只怕饱读兵书的赵奢的儿子赵括。这些奸细还用重金收买赵国大臣，让他们请求赵王派赵括接替廉颇，速战速决。这一招果然奏效，赵王在亲秦大臣的煽动下，撤回廉颇，任命赵括为大将，率兵迎敌。

赵括的母亲听说了，赶到宫中对赵王说：“赵括的父亲在世时，常说赵括只会纸上谈兵，不能实战，不宜用他为将。”赵王以为赵母惜子，不愿让儿子上前线，所以仍坚持用赵括。

赵王中计之后，赵括便来到长平指挥军队，他立即更换将吏，另立规矩，使赵军人心大散。秦国得到这个消息，立即任久经沙场的名将白起为主将，王龁为副将，并严密封锁消息，有泄露者斩首。

经过紧锣密鼓的暗中安排，秦军准备一举取胜。赵括一改廉颇的坚壁固守战术，尽起全军攻秦。白起诈败，有意让赵括尝到一点甜头，使他的军队取得几次小胜。而自己败退时兵分三路，左右两路布下口袋阵，中路诱敌深入，待赵括军追赶至秦军阵地前，白起又坚壁固守，只等合围形成。赵括完全被眼前的胜利冲昏了头脑，根本不知道自己已成瓮中之鳖。白起待口袋阵形成后，立即反攻，三路军一起出动，将赵军断为两截，绝其粮道。形势急转直下，赵军坚守待援。与此同时，秦国内新军源源不断地开到长平参战，将赵军围得水泄不通。可怜赵军被围 46 天，粮草用尽，终于杀人而食。赵括无奈，领兵强行突围，没有成功，竟被秦军乱箭射死。主将一死，兵败如山倒，40 万赵军全部投降。白起怕赵国降兵作乱，也借此威慑诸侯，下令将 240 名 15 岁以下的童子军放回赵国，其余全部活埋，成为历史上最残酷的大屠杀。这个赵括，只会“纸上谈兵”，在真正的战场上，一下子就中了敌军“关门捉贼”的计谋，损失 40 万大军，使赵国从此一蹶不振。

长平之战，前后历时 3 年之久，以赵国的惨败而告终。自此，关东诸侯国再也无力抗击秦国了。

评析

纵观长平之战的全过程，其根本败因便是赵王听了范雎所散布的流言，用只会“纸上谈兵”的赵括代替了经验丰富的老将廉颇。其中决定战役成败的另一个关键人物便是范雎，虽然此中很少提及，但他以离间之计蒙蔽赵王更换主将可以看作是战争的转折点。散布流言表面好像是在为赵国出谋划策，实际上还是在为秦国取胜创造条件，这也就是所说的“计谋不两忠”，计谋的使用只会有利于一方，而有害于另一方。

第七篇　揣术

原文

古之善用天下者，必量天下之权，而揣诸侯之情。量权不审，不知强弱轻重之称；揣情不审，不知隐匿变化之动静。何谓量权？曰：度于大小，谋于众寡。称货财之有无之数，料人民之多少、饶乏，有余、不足几何；辨地形之险易、孰利、孰害；谋虑孰长、孰短；揆君臣之亲疏孰贤、孰不肖；与宾客之知睿孰少、孰多；观天时之祸福，孰吉、孰凶；诸侯之亲，孰用、孰不用；百姓之心去就变化，孰安、孰危、孰好、孰憎，反侧孰辨，能知此者，是谓权量。

译文

上古时代善于治理天下的人，必定要权衡天下的形势，并且要揣摩各地诸侯的实情。假如衡量权势不够准确，就不能掌握诸侯强弱虚实的形势。假如揣摩实情不够详细周密，就无法洞悉诸侯隐蔽变化的动静。什么叫作“衡量权势”呢？答案是：要测量大小，要谋划众寡。衡量物质财富的有无与数量的多少；估料民众的多少及其富足还是贫乏、有余还是不足的程度如何；辨别地形的险要与平易，以及对谁有利，对谁有害；谋略运筹方面，哪一方高明，哪一方拙劣；考察君臣之间的亲疏关系如何，以及谁更贤能，谁不肖；还有宾客幕僚的智慧，哪一方少，哪一方多；观察天时的祸福，何时吉利，何时凶险；与诸侯之间的关系亲疏远近，哪些诸侯可以效力，哪些诸侯不能利用；天下百姓的人心向背变化，哪些地方平静，哪些地方有危机，哪些人拥戴，哪些人憎恶，如果发生反叛，如何察知。能掌握以上这些情况，就可以称作是善于权衡天下的形势。

原文

揣情者，必以其甚喜之时，往而极其欲也，其有欲也，不能隐其情；必以其甚惧之时，往而极其恶也，其有恶也，不能隐其情。情欲必出其变。感动而不知其变者，乃且错其人勿与语，而更问其所亲，知其所安。夫情变于内者，形见于外。故常必以其见者，而知其隐者。此所谓测深揣情。

译文

所谓揣度实情，指的是必须在对方最高兴的时候，去加大、刺激他们的欲望，使其达到极点，他们既然有欲望，就不容易隐瞒实情；还必须在对方恐惧的时候，去加重他们胆怯的心理，使其达到极点，由于内心有强烈的厌恶感，就难以隐瞒实情。因为人的情欲往往在或喜或惧时表露出来。如果遇到情感受到触动却不能体现好恶喜惧的人，就暂且搁置不与他深谈，而去了解他所亲近的人，从侧面了解其情感依托的根据。对那些情感在内心发生变化，就会有外在表现的人，必定能够从中获取他内心的真实情感。所以，人们常常根据观察到的外在表现，来探测他人的内心隐情。这就是揣测内心深处实情的方法。

原文

故计国事者，则当审权量；说人主，则当审揣情；谋虑情欲必出于此。乃可贵，乃可贱，乃可重，乃可轻，乃可利，乃可害，乃可成，乃可败，其数一也。故虽有先王之道、圣智之谋，非揣情，隐匿无所索之。此谋之大本也，而说之法也。常有事于人，人莫能先，先事而至，此最难为。故曰揣情最难守司，言必时其谋虑。故观蜎飞蠕动，无不有利害，可以生事变。生事者，几之势也。此揣情饰言成文章，而后论之也。

译文

因此，凡是谋划国事的人，就应当详细缜密地衡量天下的形势；在向君主游说或陈情献策时，就应当仔细揣摩其内心的实情。凡是谋虑情欲，必然都用这种策略。如此精于揣度之术，就可尊贵，也可卑贱；就可尊重，也可轻视；就可有利，也可有害；就可成功，也可失败，其中的奥妙就在于揣术的运用。所以，虽然有古圣先王的德行和智谋，假如不揣摩实情也无法得到隐匿的情报。这是谋略的基本原则，而且是游说的通用法则。经常有新的事情发生在人们的面前，而人们不能事先预料到新的事情会到来，这是最难做到的事。所以说揣摩实情这件事最难，必须在适当时机掌握对方的谋虑和言论。因此，当昆虫蠕动时，都有它们自己的利害关系存在，以此观之，就可以利用顺逆利害的道理成就事业。而事情的产生变化，往往表现为一种极微妙的自然现象。这种揣摩实情的说辞，要在做粉饰华丽的修饰、写成文章之后，再进行论述。

智慧总结

本篇讲述的是如何揣摩他人的心思，从对方的外在表现去了解他内心的思想活动。

所谓“揣”就是指揣摩、估计、推断等，通过这些方法对游说对象做出较为准确的判断，以达到自己的目的。

揣的范围有两种：一是“权量”，也就是考察一国的综合国力，包括财富的多少、民众的贫富、地形的利弊、谋士的忠奸、君臣的关系，以及百姓的向背等；二是“揣情”，也就是揣度游说对象的内心思想，了解对方的喜好与厌恶，以求应和其心意，有利于自己下一步的游说计划，以便制定出具体而又切实可行的游说之策。

那么如何才能做好“揣情”这个至关重要的游说环节呢？《鬼谷子》强调了以下几个方面的内容：

一是可以顺着对手的性情去“揣摩”，也就是投其所好。文中举例说道：“揣情者，必以其甚喜之时，往而极其欲也，其有欲也，不能隐其情；必以其甚惧之时，往而极其恶也，其有恶也，不能隐其情。”意思是根据游说对象的情绪来进行交流，引诱对方情不自禁地说出实情。

二是采用旁敲侧击的手段去“揣摩”。对于有一定控制力的游说对象，先不要急于与其进行直接的沟通，最好通过其身边的人来间接进行了解，就如文中所言："感动而不知其变者，乃且错其人勿与语，而更问其所亲，知其所安。"利用游说对象的亲近之人来达到目的。

三是采用见微知著的方法去"揣摩"。能够在观察到对方小的漏洞后，便可乘虚而入，进而了解其更多的内心活动，这需要运用者有敏锐的眼光和灵活的头脑，有"窥一斑而知全豹"的能力，如文中所说"故观蜎飞蠕动，无不有利害，可以生事变。生事者，几之势也"。

在揣测游说对象时，要眼耳并用，从对方的言辞中，从对方的表情变化上，细细揣摩，加以思考，同时还要在谈话过程中注意诱导和试探，使对方朝着自己需要的方向深入。有了切实可行的游说之策，把握住游说的时机，再加上具体的揣情方法，我们便可成功揣摩到对方的心理变化。

何谓量权？曰：度于大小、谋于众寡

何谓量权？曰：度于大小，谋于众寡……百姓之心去就变化，孰安、孰危、孰好、孰憎，反侧孰辨，能知此者，是谓权量。

刘备、孙权赤壁之战胜曹操

三国时期，曹操在官渡之战中击败袁绍，统一了北方，而后兴兵南进。在强敌压境、存亡未卜的危急关头，孙权和刘备为了避免彻底覆灭，终于结成了联合抗曹的盟军。

公元 208 年 10 月，周瑜率兵沿长江西上到樊口与刘备会师。而后继续挺进，在赤壁与曹军遭遇，曹军受挫，退回江北，屯军乌林，与孙、刘联军隔江对峙。

孙、刘联军虽占有天时、地利、人和方面的优势，但毕竟力量弱小，要打败强大的曹军谈何容易！当时曹军军营中疾病流行，又多是北方人，不习水性，只好把战船用铁环首尾连接起来。周瑜的部将黄盖针对敌强我弱、不宜持久战及曹军士气低落、战船连接的实际情况，建议采取火攻，奇袭曹军战船。周瑜采纳了这一建议，制定了“借助风势，以火佐攻”，因乱而击之的作战方略。

周瑜利用曹操骄傲轻敌的弱点，先让黄盖写信向曹操诈降，并与曹操事先约定了投降的时间。曹操不知是计，欣然容允。于是，黄盖率蒙冲（一种快速突击的小船）、斗舰数十艘，满载干草，灌以油脂，并巧加伪装，插上旌旗，同时预备快船系挂在大船之后，以便放火后换乘，然后扬帆出发。当时，江上正猛刮着东南风，战船迅速向曹军阵地接近。曹军望见江上有船过来，还以为是黄盖如约前来投降，皆“延颈观望”，丝毫不加戒备。

黄盖在距曹军不到一里时，下令各船同时点火。一时间火烈风猛，船往如箭，直冲曹军战船。曹军船只首尾相连，分散不开，移动不得，顿时便成了一片火海。这时，风一直猛刮，熊熊烈火一直向岸上蔓延，烧到了岸上的曹军营寨。

曹军将士被这突如其来的大火烧得惊慌失措、鬼哭狼嚎、溃不成军，烧死、溺死者不计其数。在长江南岸的孙、刘主力舰队乘机擂鼓前进，横渡长江，大败曹军。

曹操被迫率军由陆路经华容道向江陵方向仓皇撤退，行至云梦泽时曾一度迷失方向，又遇上大风暴雨，道路泥泞不堪，以草垫路，骑兵才得以通过。一路上，人马自相践踏，死伤累累。孙、刘联军乘胜水陆并进，穷追猛打，扩大战果，一直追击到南郡。曹操留曹仁、徐晃驻守江陵，乐进驻守襄阳，自己则率领残兵败将逃回了北方。这场赤壁大战以孙权、刘备大获全胜而宣告结束。

评析

“辨地形之险易孰利、孰害”提到的是如何辨别地形的利弊，从而为自己谋划策略创造有利条件。赤壁之战是历史上著名的以少胜多的战役。分析曹操失败的原因，除了个人的骄傲轻敌之外，更重要的一个原因就是对地形分析不够。北方人不善水战的致命弱点被孙刘联军加以利用，从而以火攻导致了魏军的惨败。

邓元起体察民情筹粮草

公元 501 年，萧衍在襄阳起兵讨伐南齐，立萧宝融为帝。此后，萧衍又联合邓元起进攻郢州城。不久便攻下郢州，萧衍便让邓元起任益州刺史，代替原益州刺史刘季连。

刘季连原是南齐皇帝萧宝卷任命的，萧衍起兵讨伐萧宝卷时，刘季连犹豫不定，左右摇摆。当他得知自己将被取代时，就征召士兵，誓守益州。

邓元起得到刘季连誓守益州的消息后，便先进兵巴西（今四川绵阳地区），太守禾士略开城投降，听从指挥。于是他开始招兵买马，一时间便增至 3 万人。可是四川长期战乱频繁，人们大多逃亡，田地荒芜，无人耕种，3 万人马的粮草供应竟成了问题。邓元起对此一筹莫展，不知如何是好。

这时有人出主意说："蜀地政治混乱，连年征战，很少有人想在这获取东西。他们认为这里的百姓已所剩无几，即使有，也是伤残带病的，没有丝毫用处。但实际上并非如此，老百姓往往趁政治混乱、管理松懈的时机，在户籍上假装残疾，以欺骗官府、逃避赋税，这种情况在巴西郡尤为严重。如果您现在下令核实户籍，对那些假装残疾的人也以重罚，粮草之事，几天便可解决。"

邓元起听从了这个意见，准备派人核查户籍，以筹备粮草。

涪县（今四川绵阳市）县令李膺知道了这个消息后，连忙拜见邓元起说："请大人先不要这样做，我对巴西的情况很熟悉，让我来告诉您怎么办吧。"

邓元起见李膺相貌堂堂，一股浩然正气，便下令先不要核查户籍，看看这位涪县县令有什么高明之策。

李膺说："刘季连拥兵誓守益州，又派出强将准备来讨伐大人，现在您是前有强敌，后无增援。如今又处在粮草短缺的境地，巴西人民刚刚依附于您，正在观望您的德政如何。这时候如果核查户籍，对隐瞒官府的人施以重罚，势必会造成他们的不满。他们忍无可忍，便会趁机作乱，这对您有百害而无一利。万一离心离德，您后悔都来不及了。孟子说过：'为渊驱鱼者，獭也；为丛驱雀者，鹯也；为汤武驱民者，桀与纣也。'大人该不会不懂这个道理吧！"

邓元起听了之后高兴地说："我差点听信小人之言啊！既然你能分析透这件事情，又对巴西很了解，那粮草之事，就交给你去办吧！"

于是李膺答应邓元起，五天之内筹备齐粮草。他命人把当地的富户找来，对他们说道：

"如今形势朝不保夕，谁能预料到第二天还能不能活！难道你们不想过太平日子吗？现在邓元起将军领兵接任益州刺史，而原益州刺史刘季连却起兵反对。邓元起将军一心要为民造福，却因粮草短缺不能实现。我劝各位往长远处着想，帮邓灭刘，如果到时天下太平了，我们巴西也可沾光；如果死守财物，说不定哪天就会被乱兵抢夺一空啊！"

众人听了，都连声说："正应如此，正应如此。"

不到三天，李膺便将粮草如数交给了邓元起。

评析

"称货财之有无，料人民之多少、饶乏、有余不足几何"，说的就是在制定策略时也要考虑到百姓钱财的多少、民众的反应如何。在战乱纷纷的年代，百姓深受其害，所以才假装残疾以逃避征兵和纳税。这是他们谋求生存的最后一道防线，如果把它也打破了，后果将不堪设想。李膺深明此理，所以不向穷苦百姓筹粮，只从富户身上想主意。富户虽然爱钱，但是毕竟性命重要，为了保住性命，就只能拿钱来换了。

文彦博洞察秋毫息争斗

宋仁宗时期，富弼采用了李仲旦的计策，从澶州的商胡河开凿六漯渠流入横陇的故道，以增加宋朝的水利灌溉渠道。

贾昌朝素来憎恨富弼，于是暗地勾结宦官武继隆，想置富弼于死地。正在这时候，宋仁宗生病了，不能上朝理政，贾昌朝便密令两个司天官趁朝中官员商讨国事时上奏道：

“国家不应该在北方开河，以致皇上身体不安。”

众大臣听了，都不以为然。

宰相文彦博知道他们是别有用心，但当时无法制止。

数天之后，这两个人又上疏请皇后一同听政，并罗列许多理由来证明皇后听政是上策。

史志聪把他们的奏疏交给文彦博。文彦博看后默不作声，把它收藏在怀中，没有给任何大臣看，脸上却露出得意的神色。诸大臣都很奇怪，问他上面写的是什么，他只字不提，只是命人把那两个司天官召来责问：

“你们两人的职责是静观天象，只要略有动静，马上上报朝廷。可是现在你们怎么想干预国家大事啊！你们的所作所为，按法律应当灭族！”

两人听后非常害怕，脸色惨白，浑身发抖。

文彦博又说：

“我看你们只不过是自作聪明，所以不想治你们的罪，从今以后不准再如此狂妄了。”

两人连忙退出，文彦博这才取出奏疏让诸位大臣观看。

大臣们看后全都愤怒地说：

“这两个人如此肆无忌惮，为什么不斩首呢？”

文彦博说：

“把这两个人斩首，事情就会张扬开来，对皇后和在宫中养病的皇上都不是好事，一定会影响他们。”

诸位大臣连忙说：

“你说得有道理。”

接下来，他们一同商议派遣司天官去测定六漯渠方位，文彦博便指名让那两人前去。

武继隆请求把他们留下，文彦博说道：

“他们只不过是小小的司天官，竟敢如此胆大妄为，议论国事，这其中一定是有人在暗中教唆！”

武继隆铁青着脸，一言不发。

那两个人到了六漯渠以后，恐怕朝廷治他们的罪，于是就改口说：

“六漯渠在京师的东北方向，不是正北方向，开河之事根本没有什么害处。”

后来宋仁宗的病渐渐好了，精神也渐渐地恢复，这件事就这样不了了之。

评析

“君臣之亲疏孰贤、孰不肖。”文彦博不但明察秋毫，还有一双善辨忠奸的眼睛。为了平息这场风波，他尽量把大事化小，小事化了，以免事态扩大而导致无可挽回的损失。面对两个司天官的无理，他丝毫没有动怒，而是在平静中制止了一场争斗，同时又让皇上、皇后得到了安宁，而武继隆也受到了震慑，真可谓一箭三雕。

揣情者，必以其甚喜之时，往而极其欲也，其有欲也

揣情者，必以其甚喜之时，往而极其欲也，其有欲也，不能隐其情；必以其甚惧之时，往而极其恶也，其有恶也，不能隐其情。情欲必出其变。

王翦装贪巧饰得信任

公元前226年，秦王嬴政准备出兵讨伐楚国。

秦王因为李信在追击燕军时表现极为勇敢，便问道：“灭楚需要多少士兵啊？”

“20万足够。”李信回答道。

于是秦王又问老将王翦，王翦说：“非60万不可。”

秦王认为王翦年老胆怯，便委任李信为主将，蒙恬为副将，率军20万伐楚。王翦则顺水推舟，推托有病，解甲归田，告老还乡。

第二年，李信出师不利，大败而归。秦王大怒，后悔当初不听王翦的话，迫不得已，他亲自到频阳（今陕西省富平县）王翦的住宅，向王翦承认错误，说：

“寡人不听将军的话，李信果然失败，令秦军受到耻辱。将军虽然有病在身，难道忍心抛弃我吗？”

王翦回答道：“我有病在身啊，不能领兵打仗了。”

看到秦王不答应。王翦说：“如果非要我出兵打仗的话，一定需要60万士兵不可。”

秦王于是答应他的要求，征集60万大军交给王翦指挥，讨伐楚国，秦王则亲自到霸上送他。

王翦乘机请求秦王把秦都附近上好的田宅赏赐给他。秦王说：

“将军快走吧，你根本用不着担心啊！我给你就是了！”

王翦说：“我跟着大王当将军，即使有功劳，也得不到封侯。我还是要点房产田地，为子孙打算打算吧！”

秦王大笑，不以为然。

当军队到达武关（今陕西商洛西南）时，王翦又派使者向秦王索要良田美舍。副将蒙恬说：“将军如此请赏，不是太过分了吗？”

王翦私下偷偷地告诉他说：“你不知道我请赏的原因。秦王强横而且多疑，现在把60万大军交给我掌管，就是把整个国家都托付给我了。如果我不多多请赏，多要点田宅，为子孙打算，以此说明我并无野心，就会使大王坐卧不安而怀疑我的。”

王翦通过请赏田宅以释去秦王的怀疑，终于使秦王放手让他独立指挥战争，不久，王翦便率军灭掉了楚国。

评析

王翦正是揣摩到了秦王的多疑，才故意暴露贪欲，自轻自贱，以赢得秦王信任的。统军60万，秦王必定对他心存戒备，官僚们妒忌诋毁也是正常事，如果背后诋毁，很可能会对战局十分不利，如何赢得秦王信任便成了此次出征的关键。从表面看，王翦缺乏忠诚廉洁，一会儿装病避战，一会儿索要田舍，显得贪得无厌。其实，他是借此来消除秦王的疑心，以外表的假象表明自己并无任何野心，只是为了良田美舍。这一心理战术的运用使秦王消除了疑虑，转忧为喜。此时王翦继续以“甚喜之时，往而极其欲也”来表露贪心，更进一步得到了秦王的信任，不仅保全了自身，也为克敌制胜奠定了坚实的基础。

刘伯温巧言解梦

朱元璋好不容易得了天下。他深深地知道江山易夺、守住却难的事实，常常为之忧虑，生怕自己的皇位朝不保夕。

“日有所思，夜有所梦”，有一天晚上，他做了一个奇怪的梦。在梦中，俘虏们被捆绑得结结实实，排成一队，挤向又矮又小的牢房。他们愤怒的目光都注视着朱元璋，朱元璋从梦中惊醒，吓得满头大汗。此后，他心里就有了一个解不开的疙瘩，总觉得那些愤怒的眼睛仍然盯着自己，尤其担心会有人谋反。第二天，朱元璋就吩咐监狱主管把牢里的俘虏全杀了。

军师刘伯温闻讯后大吃一惊，如此滥杀无辜，必定引来怨恨，导致不得民心。他急忙赶来，问道：“皇上现在大开杀戒，不知究竟为了什么？”

朱元璋便将昨晚的梦境讲与刘伯温听，然后说：“俗话说‘梦反为吉，梦正为凶’，那小牢房不正表示我的土地将越来越小，而俘虏往里面挤，不正表示他们都要跑掉了吗？显然他们跑后对我心怀敌意，不如现在杀了他们，以绝后患。”

刘伯温一听，原来是一个梦引发了皇上的杀人之心，刚才的忧虑便消失殆尽。他知道打消朱元璋的念头不是一件简单的事情，估计原因是他对自己的江山太过紧张，于是想出了一个主意。刘伯温满脸欣慰之情，对朱元璋说：“恭喜皇上！贺喜皇上！”

“现在我正烦着呢！那些俘虏的眼睛时不时地闪现在我的脑海里，何喜之有？”朱元璋不耐烦地说。

“皇上的梦乃大吉大利之梦也！”刘伯温毕恭毕敬地回答。

朱元璋说：“何以见得？难道我刚才解的梦没有道理吗？那你给我解释解释！”

刘伯温解释道：“如果‘梦正为凶，梦反为吉’，则那些硬挤入牢房的囚犯，正是安居乐业、极力拥护您的百姓；那些又窄又小的牢房正预示着您的江山将越来越稳固，而且还会不断地扩大；俘虏们被结结实实地捆绑，则表示那些还不服从的民族必将归顺于您。这个梦实在是太吉利了。皇上还有什么值得担心的呢?!”

朱元璋听后龙心大悦，频频点头，马上收回了成命。

评析

“揣情者……必以其甚惧之时”，刘伯温顺势而谏，抓住的正好是朱元璋在噩中惊醒后的恐惧情绪，明白了对方是在失去理智的情况下欲杀俘虏。而后巧言圆梦，使朱元璋的情绪稳定了下来，并高兴地接纳了他的劝谏，收回了命令，轻而易举地避免了一场血光之灾。

第八篇　摩术

原文

摩者，揣之术也。内符者，揣之主也。用之有道，其道必隐。微摩之以其所欲，测而探之，内符必应；其应也，必有为之。故微而去之，是谓塞窌、匿端、隐貌、逃情，而人不知。故成其事而无患。摩之在此，符之在彼。从而应之，事无不可。

译文

所谓摩，是指一种揣摩内心情感的权术；内符，即内心情感与其外在表现，就是揣摩之术的主体。运用揣情之术有一定的法则，须遵法则而行，而且这一法则要以隐秘的方法来进行。根据其情感欲望稍微进行揣度，再进一步探测其中的奥妙，这样其内心情感与外在表现就必然会相呼应。内外既然相呼应，就会在行动上有所作为。所以稍加揣度，便排除其外在表现，就称作堵塞漏洞、隐匿头绪、隐蔽实情，他人就无从知晓。这样，事业得以成功而又不会留下后患。在此处运用隐秘的“揣摩之术”，而在彼处却运用“内符之术”。如此进一步互相呼应，就没有什么事办不成的。

原文

古之善摩者，如操钩而临深渊，饵而投之，必得鱼焉。故曰：主事日成而人不知，主兵日胜而人不畏也。圣人谋之于阴，故曰神；成之于阳，故曰明。所谓主事日成者，积德也，而民安之，不知其所以利；积善也，而民道之，不知其所以然，而天下比之神明矣。主兵日胜者，常战于不争、不费，而民不知所以服，不知所以畏，而天下比之神明。

译文

古代善于运用“揣摩之术”的人，就像拿着钓钩来到深潭钓鱼一样，只要把带有鱼饵的钓钩投进深潭，就必然能钓到大鱼。所以说：“所进行的事成功了还没人知道，所指挥的兵胜利了还没人畏惧。”圣人都是在隐秘之中进行“揣摩之术”，所以被称为“神”；而谋略的成功是处在光天化日之下，所以被称为“明”。所谓谋事能逐渐成功，就是广积德政的具体表现；而人民对这件事抱有安全感，不过却不知道什么原因会如此顺利；再就是积有善行的具体表现，假如人民以此为正道，而不知其所以然的话，普天之下就会把他们比作神明。所谓用兵打仗每每取得胜利，其原因则在于主持其事的人常常不经过激烈争斗、不耗费财用，从而战胜于无形之中，而人民却不知道之所以能威慑征服对手的原因，不知道有什么畏惧，普天之下都把他们比作神明。

原文

其摩也，有以平，有以正，有以喜，有以怒，有以名，有以行，有以廉，有以信，有以利，有以卑。平者，静也。正者，直也。喜者，悦也。怒者，动也。名者，发也。行者，成也。廉者，洁也。信者，明也。利者，求也。卑者，谄也。故圣人所独用者，众人皆有之，然无成功者，其用之非也。故谋莫难于周密，说莫难于悉听，事莫难于必成，此三者，唯圣人然后能之。故谋必欲周密，必择其所与通者说也，故曰或结而无隙也。夫事成必合于数，故曰道数与时相偶者也。说者听必合于情，故曰情合者听。

译文

在进行“揣摩之术”时，有用平和态度的，有用正义责难的，有用讨好方式的，有用愤怒激将的，有用名声威吓的，有用行为逼迫的，有用廉洁感化的，有用信义说服的，有用利害诱惑的，有用谦卑套取的。所谓平，就是平静。所谓正，就是正直。所谓喜，就是喜悦。所谓怒，就是鼓动。所谓名，就是名誉。所谓行，就是成功。所谓廉，就是廉洁。所谓信，就是明了。所谓利，就是求取。所谓卑，就是谄媚。所以，圣人善于运用的“揣摩之术”，众人也可以运用，至于能不能取得成功，就是运用的方法得当与否的问题了。因此，谋划方略最难莫过于周详缜密，向人游说最难莫过于对方全部听从，做人行事最难莫过于一定成功。这三点，只有圣人才能够做得到。所以说，谋略要做到周详缜密，就必须选择那些可以沟通的志同道合者进行论证，所以说结交朋友要亲密无间。事情要取得成功，就一定要合乎天数即自然规律，所以说天道、术数与天时相配合才可以保证成功。所游说的内容能被对方接受，必然是这种内容合乎情理，所以说“合乎情理才有人听”。

原文

故物归类，抱薪趋火，燥者先燃；平地注水，湿者先濡。此物类相应，于势譬犹是也。此言内符之应外摩也如是。故曰摩之以其类，焉有不相应者？乃摩之以其欲，焉有不听者？故曰独行之道。夫几者不晚，成而不抱，久而化成。

译文

所以说，世上万事万物都有其固定的属性，物以类聚。这就如同抱着柴薪投向烈火，那么干燥的部分一定首先燃烧；若往平地上倒水，潮湿的地方一定最先被浸润。这就是物类互相呼应之理。至于揣摩的情势，也是相同的。也就是说，内心的情意表现于外在行色上，与外在的揣摩之术相呼应。所以说，根据事物的类别运用揣摩之术，哪有不相呼应的道理？依据其内心欲望揣摩其真实情感，哪有不听从的道理？所以说这是志向高洁、不随流俗的人才能运用的方法。只有通晓事物细微的征兆和趋势而果断行动的人，才会不失良机采取行动，取得成功后也不会居功自傲。若如此持之以恒，就能够逐步使教化行之于天下，达到自己的目标。

智慧总结

本篇是对揣术篇所获得的信息进行加工处理的过程，实际是上篇所讲的

"揣情"的继续。揣术篇侧重的是掌握"世情"和"人情"，获得与游说对象有关的外部信息，而本篇侧重将通过"揣情"得到的外部信息加以分析、总结、推敲、检验，从外部的信息中得到了解对方的性格特点等重要消息，通过把握对方的喜好与厌恶，能够更好地制定更有效的说服方法。

关于"揣"与"摩"的关系，鬼谷子开篇点题："摩者，揣之术也。内符者，揣之主也。"可见，"摩"是揣情的一种方法，而且还是一种最基本的方法。从两者的区别来看："揣"是由表及里、由外到内，通过对方的外在表现去了解他的心理变化，只是合乎实际的逻辑推理，处于静态的观察阶段；"摩"是积极主动地运用诸多攻心战术去引诱对方表露自己的内心情感，以检验自己揣的判断是否与事实相符。所以摩术篇可以说讲述的是攻心战术的具体运用，其目的是以"摩"术让对方内心难以探知的情感也表现出来。

在运用过程中，首先要做到的就是分析信息，即对揣术篇得来的外部信息进行加工整理，来判断对方的心性。主要有以下十种："其摩也，有以平，有以正，有以喜，有以怒，有以名，有以行，有以廉，有以信，有以利，有以卑。"正是因为游说对象性格的不同，在运用"摩"术时就必须做到因人而异，只有了解到"平者，静也。正者，直也。喜者，悦也。怒者，动也。名者，发也。行者，成也。廉者，洁也。信者，明也。利者，求也。卑者，谄也"后，才会在揣摩对方心意时做到见机行事，灵活掌握。

揣测出对方的真实意图后，还要进行检验，判断所推得的结果是否正确。文中认为，试着根据对方的好恶期望，提出建议和言辞，来仔细观察对方有怎样的表现，如有反应，再顺势诱导；如无反应，再另谋方法。文中提到三个成功游说的条件："故谋莫难于周密，说莫难于悉听，事莫难于必成，此三者，唯圣人然后能之。"如果能够让三者有机结合起来，便可达到期望的目的。

古之善摩者，如操钩而临深渊

古之善摩者，如操钩而临深渊，饵而投之，必得鱼焉。故曰：主事日成而人不知，主兵日胜而人不畏也。

孙膑诱敌深入杀庞涓

战国中期，齐、魏两国因向外扩张势力而引发了桂陵之战，结果齐军在孙膑和田忌的指挥下打败了魏军。魏军虽在桂陵之战中严重失利，但并未一蹶不振。到公元前 342 年，魏又发兵攻打韩国。韩国在危急中遣使向齐国求救。

齐威王答应救援，他抓住魏、韩皆疲的时机，任命田忌为主将，孙膑为军师直趋大梁。魏惠王得知后，转将兵锋指向齐军，任命太子申为上将军，庞涓为将，率雄师 10 万，扑向齐军，企图同齐军一决胜负。

这时齐军已进入魏国境内纵深地带，魏军尾随而来，一场鏖战无可避免。孙膑胸有成竹，指挥若定。他针对魏兵强悍善战、素来蔑视齐军的情况，判断魏军一定会骄傲轻敌、急于求战、轻兵冒进，决定示形误敌，诱其深入，而后予以出其不意的致命打击，并定下减灶诱敌、设伏聚歼的作战方针。

战争的进程完全按照齐军的预定计划展开。齐军与魏军刚一接触，就立即佯败后撤，并按孙膑预先的部署，施展了减灶的计谋。第一天挖了 10 万人煮饭用的灶，第二天减为 5 万灶，第三天又减为 3 万灶，造成在魏军追击下，齐军士卒大批逃亡的假象。庞涓认定齐军斗志涣散，士卒逃亡过半，于是丢下步兵和辎重，只带着一部分轻装精锐骑兵，昼夜兼程追赶齐军。

孙膑根据魏军的行动，判断魏军将于日落后进至马陵。马陵一带道路狭窄，树木茂盛，地势险阻，是打伏击战的绝好处所。于是他就利用这一有利地形，选择齐军1万名善射的弓箭手埋伏于道路两侧，规定到夜里以火光为号，一齐放箭，并让人把路旁一棵大树的皮剥掉，上面书写“庞涓死于此树之下”几个大字。

庞涓的骑兵于孙膑预计的时间进入齐军预先设伏区域。庞涓见剥皮的树干上写着字，但看不清楚，就叫人点起火把照明。字还没有读完，齐军便万弩齐发，给魏军以迅雷不及掩耳的打击，魏军顿时惊慌失措，大败溃乱。庞涓智穷力竭，眼见败局已定，遂愤愧自杀。齐军乘胜追击，又连续大破魏军，前后歼敌10万余人，并俘虏了魏军主帅太子申。马陵之战以魏军的惨败告终。

评析

孙膑在此成功运用了诱敌深入的计谋。他以佯败后撤的方法引诱庞涓深入，设下“鱼饵”，待魏军完全进入自己的伏击圈后，便全力以赴地消灭敌人，这便是“钓”。从运用方法上看，孙膑采用的便是引诱法（飞箝术中曾提到过），在预测到魏军骄傲轻敌、急于冒进的弱点后，便抓住这一弱势采用诱敌深入的方法，一举歼灭了敌人。

马陵之战是我国历史上一场典型的“示假隐真”、相敌诱敌、设伏聚歼的成功战例。齐军取得作战胜利，除了把握时机得当，将帅之间密切合作，正确预测战场和作战时间以外，善于相敌、诱敌，把握敌情，以敌军弱点取胜才是关键因素。

曹操关门捉贼擒吕布

曹操在陈登父子的密切配合下，顺利地攻取了徐州，把吕布打得一败涂地，使其逃往下邳。曹操在徐州大犒军将后，欲马上进兵，一举攻克下邳。谋士程昱说：“我们不是要下邳一城，而是要除掉吕布。现在吕布仅有下邳一处可以安身，如果逼得太急，他则会拼死突围，一旦使他逃出下邳去投袁术，那就更不好擒了。我们宜先切断他与外界的一切联系，关起门来，把他困在下邳，然后再伺机擒他。”曹操听罢，高兴地说：“如此甚好！”马上吩咐刘备说：“你率部严守下邳通往淮南的路径，切断吕布与袁术的任何联系，防止吕布去投袁术。”另外又布置众将斩断吕布与山东诸郡的交通来往，防止外兵来救吕布，并防备吕布潜逃他乡。

被困下邳的吕布，经徐州一败后，锐气顿减。谋士陈宫先后向吕布献“以逸击劳”“掎裳连袂角之势”“以攻为守”等计谋，吕布因惧曹操势大，都不肯为之。终日在府中与妻妾饮酒解闷。

一天，谋士田楷、许记对吕布说：“将军整天在家喝酒，不是坐以待毙吗？为何不去淮南求袁术帮我们解围？”吕布叹曰：“去也无益。”田楷说：“袁术与你结怨，是由婚约造成的，若我们答应继续履行婚约，他如肯出兵相救，我们与他内外夹击曹操，下邳之围定可解矣。”吕布依其言，遂遣二人为使，派张辽、郝萌二人护送，去淮南见袁术。

由于刘备在通往淮南的路径上疏于防范，竟使许记、田楷等顺利地冲了过去。在回来的途中，两位使者在郝萌的掩护下，又冲过了阻截，回到下邳。张飞只俘获敌将郝萌。

当刘备押解郝萌向曹操请功时，曹操问明来龙去脉，怒斩郝萌之后，厉言对众将说：“各路关口一定要严加防守，如果再有吕布及其将士走出去这类事发生，定要依法从事，斩首示众。”

刘备见曹操如此动怒，深知情势严重，暗中嘱咐关羽、张飞，一定要仔细守寨，不可怠慢。

吕布听两位使臣回报说，袁术答应来救援，但必须先把吕布女儿送来方信不食言。吕布无奈，只好照袁术要求去办，马上令高顺、张辽护送。吕布把女儿缠裹在身上，欲亲自杀出重围送女儿给袁术。

由于曹操切嘱众将严格把守关口，当吕布来到刘备寨前，受到了关羽、张飞的拦截。及至张辽、高顺欲掩护吕布冲出去时，曹操又派大将徐晃、许诸来助战，打败了张辽、高顺。吕布也因有女缚在身上，力不能支，被关羽、张飞打败，只好又退回下邳城。

吕布求援不成，只好每天坐在府中饮酒。由于下邳城内粮多而兵少，虽久困仍不见有可攻的战机。曹操见此情形，恐迁延日久，张绣率兵去攻打许都，欲撤兵回师，便对谋士说：“下邳城内兵少粮多，与我相持一年也不成问题，我们宜暂回许都为好。”郭嘉阻止说：“既然我们困城已久，擒吕布迫在眉睫，为什么要前功尽弃呢？我有一计可加速吕布受困而亡。”曹操忙问其计。这时荀彧在侧说：“是否决沂、泗之水淹城之计？”郭嘉说：“正是。”曹操听罢，马上令众军移居高阜地带，决开沂、泗之水，坐视水淹下邳。

河水淹入下邳城后，城内一片恐慌，军民有米难炊，陷入一片混乱之中。此刻，吕布也成了热锅上的蚂蚁，恼怒无常，无故责罚将士，军中怨声载道。

在城外坐待其变的曹操，不一日，便见城内军将侯成盗了吕布的赤兔马来降。接着，在曹操攻心战术的作用下，吕布的部将宋宪又盗了他的画戟，并会同魏续，把吕布捆缚住，打开城门，把吕布献给了曹操。

评析

有稳操胜券的把握才会运用关门捉贼的计谋。曹操在阻断了吕布可能逃走的各条道路后，才稳坐钓鱼台，以攻为守，以逸待劳，并最终“钓”得了吕布，除掉了心腹大患。

纪晓岚巧言答对乾隆帝

纪晓岚是翰林院大学士，能言善辩，机智过人，被誉为“铁齿铜牙”。

有一天，纪晓岚陪乾隆在御花园里散步。乾隆忽然问纪晓岚：“纪爱卿，忠和孝到底应该怎么解释呀？”

纪晓岚答道：“君要臣死，臣不得不死，此为忠；父要子亡，子不得不亡，此为孝。”

乾隆一听，说：“我现在以君王的身份，要你立刻去死！”

“这——”纪晓岚慌乱了一下，随即想出一个好主意，便说，“臣遵旨！”乾隆于是好奇地问：“那你打算怎样死？”

纪晓岚显得又害怕、又紧张地小心回答："跳河。"

乾隆一挥手，说："好！你现在就去跳吧！"等纪晓岚走后，他便在花园里踱着步，心想纪晓岚将如何解脱这道难关。

不一会儿，纪晓岚便跑了回来。乾隆很奇怪，就板起脸来问道："纪爱卿，你怎么还没有去死呢？"

纪晓岚说："我刚刚走到河边时，不料碰到了屈原，他不让我跳河寻死。"

乾隆感到更加奇怪了："你这话是什么意思？"

"刚才我站在河边，正想跳下去。河里突然涌起了一个大漩涡，好像有东西要从水里冒出来一样。我一看，竟是投江自沉的楚国忠臣屈原。"纪晓岚一板一眼地说。

"真的吗？那他对你说了些什么呢？"乾隆明知他故弄玄虚，但仍想看看他如何作答。

纪晓岚不慌不忙地回答道："屈原指着我问为什么要跳河，我就把刚才皇上要臣尽忠的事情告诉了他。他说：'这就不对了！当年楚王是昏君，我不得不跳河。可是，我看当今皇上是个圣明之人，不应该再有忠臣要跳河啊！你应该赶紧去问问皇上，他是不是也是昏君？如果他自认是，那时我们再作伴也不迟！'因此臣只得跑了回来。"

乾隆听了，忍不住哈哈大笑："好一个巧舌如簧的机智人物！朕算服你了。"

评析

善于运用"摩术"的人，就如同拿着鱼竿在水边垂钓一般，只要运用得当，必有鱼儿上钩。乾隆本想以"君要臣死，臣不得不死"来为难纪晓岚，却没想到纪晓岚将计就计，以碰到屈原为"饵"下了钩。如果乾隆确实让其投河，就证明了他的昏庸；如果就此作罢，那为难纪晓岚的计谋就以失败告终。权衡利弊，乾隆也只能暗自认输。

主兵日胜者，常战于不争、不费

主兵日胜者，常战于不争、不费，而民不知所以服，不知所以畏，而天下比之神明。

诸葛亮打草惊蛇退曹兵

公元218年，刘备领兵10万围困汉中，曹操闻报大惊，起兵40万亲征。

定军山一役，蜀将黄忠计斩曹操大将夏侯渊。曹操大怒，亲统大军抵汉水与刘备决战，誓为夏侯渊报仇。蜀军见曹兵势大，退驻汉水之西，隔水相拒。刘备与诸葛亮到营前观察两岸形势，谋划破敌之策。

诸葛亮见汉水上游有一土山，可伏兵千余。回营后命赵云领兵500人，带上鼓角，伏于土山之下，或黄昏，或半夜，只要听到本营中炮响一次，便擂鼓吹角呐喊一通，但不出战，诸葛亮自己隐在高山上观察敌军动静。

第二天，曹兵到阵前挑战，见蜀营既不出兵，也不射箭，叫喊一阵便回去了。到了深夜，诸葛亮见曹营灯火已灭，军士们刚刚歇息，便命营中放炮，赵云的500伏兵也鼓角齐鸣，喊声震天。曹兵惊慌，疑有蜀兵劫寨，赶忙披挂出营迎敌。可出营一看，却并不见有什么蜀兵劫寨，便回营安歇。待曹兵刚刚歇定，号炮又响，鼓角又鸣，呐喊又起。如此一夜数次，弄得曹兵彻夜不得安宁。

一连三夜如此，曹操惊魂不定，寝食不安。有人对曹操说："这是诸葛亮的疑兵计，不要理睬他。"可曹操说："我岂不知是诸葛亮的诡计！但如果多次皆假，却有一次真来劫营，我军不备，岂不要吃大亏！"曹操无奈，只得传令退兵30里，找空阔之处安营扎寨。

诸葛亮用打草惊蛇之计逼退曹兵，便乘势挥军渡过汉水，背水扎营，故意置蜀军于险境，这又使曹操产生了新的疑惑，不知诸葛亮将使什么诡计。曹操深知诸葛亮一生谨慎，认为他如果不是胜券在握，是决不会走此险棋的。

为探听蜀军虚实，曹操下战书与刘备约定来日决战。战斗刚一开始，蜀军便佯败后退，往汉水边逃去，而且大多将军器马匹弃于道路两旁。曹操见此，急令鸣金收兵。手下将领都疑惑地问曹操："为何不乘胜追击，反令收兵？"曹操说："看到蜀兵背水扎寨，我原本就有怀疑，现在蜀兵刚一交战就败走，而且一路丢下许多军器马匹，更说明这是诸葛亮的诡计，必须火速退兵，以防上当。"

正当曹兵开始掉头后撤时，诸葛亮却举起号旗，挥指蜀兵返身向曹兵冲杀过来。曹兵大溃而逃，损失惨重。这是诸葛亮用计设险局、临阵佯败、打草惊蛇的计策置曹操于疑惑、惊恐之中，再次巧妙地击溃了曹兵。

评析

"不争、不费"的意思是不经过激烈战争、不耗费财力与物力，从而取胜于无形之中，与《孙子兵法》中"不战而屈人之兵"是一个道理。从打草惊蛇的计谋考虑，其运用条件必须是知己知彼；敌方兵力没有暴露或者意向不明时，切不可轻敌冒进，应当查清敌方主力配置和运动状况后再做打算。

崔安潜挑拨离间治盗贼

西川地区历来是汉族和少数民族杂居之所，治安混乱，人们对此怨声颇高，希望官府能平息匪患，维持治安。可是，西川的前几任官吏不但无力治理盗贼，而且还互相勾结，因此当地的盗贼越来越猖獗。

唐僖宗乾符六年（公元 879 年），崔安潜任西川节度使。他走马上任后，众人发现他绝口不提治盗之事，都非常纳闷。有人议论说：

"'新官上任三把火'，可是这个新官什么火都没烧啊！莫非又是与盗匪勾结不成？"

崔安潜听到后，没有做任何表态，只是对下属说：

“百姓们怎么知道我的想法啊！这里的盗贼问题的确严重，盗贼如此猖獗，我想是因为以前的官吏纵容或者运用的方法不恰当。如果我们还是按照以前的方式，派出大批人去搜捕，无疑是于大海捞针。更何况我们在明处，而盗贼却在暗处，这样做既费力又无济于事。”

下属听了，都表示赞同。可这种办法不行，又该怎么办呢？

崔安潜说道：“从明天开始，对盗贼进行惩治。”

接着，他让下属按照他吩咐的去做。

第二天，崔安潜拿出500两银子分别放置在三处闹市，并在市上张榜，有能告发并逮捕一个盗贼者，赏200两；如果盗贼告发同伙或逮捕同伙者，可赦免其罪，和平常人一样领赏。

这一招果然灵验，告示贴出不久，便有人捕获了盗贼，送到官府。他一看，原来是两个盗贼，其中一个绑着另一个，被绑的盗窃很生气地骂着绑他的盗窃。

崔安潜对绑着的盗窃笑道：

“你既然知道我有这个规定，为何不将绑你的同伙抓来？如果你这样做，处死的人便会是他，而领赏的人就是你。现在却恰恰相反，你既然认罪，那么只有处死你了。”

捕盗的人立即得到赏钱，被捕的人当众被砍头，众人见此，无不拍手称快。

过了一段时间，这儿的盗贼与他们的同伙终日互相猜疑，惶恐不安。结果，有的逃出西川，有的自首。从此，西川治安良好，地方太平。

评析

“运筹于帷幄之间，决胜于千里之外。”崔安潜不出兵缴匪，而是公开在闹市上颁赏惩罚，使告发者和被告发者得到不同的发落。这样做的结果是既让盗贼相互猜疑、自乱阵脚，又让广大百姓看到官府的公平和诚信，而自己却毫无损失，真可谓一箭三雕。

第九篇　权术

原文

说者，说之也；说之者，资之也。饰言者，假之也；假之者，益损也。应对者，利辞也；利辞者，轻论也。成义者，明之也；明之者，符验也。难言者，却论也；却论者，钓几也。佞言者，谄而干忠；谀言者，博而干智；平言者，决而干勇；戚言者，权而干信；静言者，反而干胜。先意承欲者，谄也；繁称文辞者，博也；策选进谋者，权也；纵舍不疑者，决也；先分不足而窒非者，反也。

译文

游说，就是为了劝服别人接受自己的主张；而说服别人接受自己的想法，就是为了对别人有所帮助。带有粉饰性的说辞，都缺少可靠依据。缺少可靠依据，就会带来不好的影响。所谓应承对答的辞令，是一种悦耳的巧辩辞令；巧辩辞令，是一种轻视论说的外交辞令。具有义理的言论，目的在于明辨真伪；而明辨真伪，目的在于符合和验证自己的内心情感。向别人发难的指责之辞，意在诘难、商榷事情；而诘难、商榷事情，意在诱导、探求事物的精妙之处。花言巧语，是通过谄媚以求得忠诚之名；而谄媚之言，是通过繁博的虚浮之辞以求得智慧之名；平实之言，是通过果断不疑的言辞以求得刚勇之名；忧愁之言，是通过运用智谋以求得信任；镇静陈说，是通过反攻别人以求得胜利之名。曲意奉承，满足对方欲望，就是谄；文辞繁复虚浮，就是博；策划选择，运用智谋，就是权；纵使舍弃也毫不犹豫，就是决；掩饰自己之不足，反而指责他人的过失，就是反。

原文

故口者，几关也，所以关闭情意也。耳目者，心之佐助也，所以窥间见是奸邪。故曰：“参调而应，利道而动。”故繁言而不乱，翱翔而不迷，变易而不危者，观要得理。故无目者，不可示以五色；无耳者，不可告以五音。故不可以往者，无所开之也；不可以来者，无所受之也。物有不通者，故不事也。古人有言曰“口可以食，不可以言”，言者有讳忌也；“众口铄金”，言有曲故也。

人之情，出言则欲听，举事则欲成。是故智者不用其所短，而用愚人之所长；不用其所拙，而用愚人之所工，故不困也。言其有利者，从其所长也；言其有害者，避其所短也。故介虫之捍也，必以坚厚。螫虫之动也，必以毒螫。故禽兽知用其长，而谈者亦知用其用也。

译文

所以口是人体用来言谈的机关，就像闸门一样，是用来宣布或封锁内心情意的器官。耳目是心的辅佐，是用来侦察奸邪的器官。所以说：“只要心、眼、耳三者调和呼应，那就会走向有利之路。”因此，虽然有烦琐的语言也不纷乱，虽然有翱翔的怪物也不迷惑，虽然有变化的骗局也不危险，原因就是能够抓准要点掌握思路。所以没有眼睛的人，不可以拿五色给他们看；同理，没有耳朵的人，不可以弹奏五音给他们听。因此，不可以去游说的地方，那是因为没有什么情报可争取；同理，别人不来游说的地方，那是因为没有什么情报可接受。可见事物有不通的，所以才不当作事来办。古人有句话说：“嘴可以吃东西，不可以发言。”因为说话的人有忌讳，这就是所谓“众口铄金”，因为言语会歪曲事实的缘故。

按人之常情推断，每个人只要说话的时候，就希望让对方听从，只要办事情都希望获得成功。因此，聪慧的人不用自己的短处，而宁肯用愚笨之人的长处；不用自己笨拙的方面，而宁肯用愚笨之人工巧的方面。这样做就不会陷于困窘的境地。这就是说，于我有利的，就顺从其所长的一面；于我有害的，就回避其所短的一面。所以，甲虫抵御外来的侵害，必定要依靠自己坚厚的外壳；螫虫采取行动时，必定要用自己的毒刺。可见，禽兽之类尚且知道运用自己的长处，而靠进言游说的人就更应运用自己该用的游说术。

原文

故曰：辞言有五，曰病，曰怨，曰忧，曰怒，曰喜。病者，感衰气而不神也；怨者，肠绝而无主也；忧者，闭塞而不泄也；怒者，妄动而不治也；喜者，宣散而无要也。此五者，精则用之，利则行之。故与智者言，依于博；与拙者言，依于辩；与辩者言，依于要；与贵者言，依于势；与富者言，依于高；与贫者言，依于利；与贱者言，依于谦；与勇者言，依于敢；与过者言，依于锐。此其术也，而人常反之。是故与智者言，将以此明之；与不智者言，将以此教之，而甚难为也。故言多类，事多变。故终日言，不失其类，故事不乱。终日不变，而不失其主，故智贵不妄。听贵聪，智贵明，辞贵奇。

译文

所以说，游说辞令有五种情况：一是病言，二是怨言，三是忧言，四是怒言，五是喜言。所谓病言，就是感于衰气所说的没精神的话；所谓怨言，就是由于伤心所说的无主见的话；所谓忧言，就是由于忧郁闭塞所说的不能宣泄的话；所谓怒言，就是由于妄动所说的不能控制的话；所谓喜言，就是由于散漫所说的没重点的话。以上这五种情况，精通之后就可以使用，有利之后就可以推行。所以，跟智者说话时要以知识渊博为原则；跟拙者说话时要以强辩为原则；跟辩者说话时要以简练为原则；跟贵者说话时要以势利为原则；跟富者说话时要以高雅为原则；跟贫者说话时要以利益为原则；跟贱者说话时要以谦恭为原则；跟勇者说话时要以果敢为原则；跟进取者说话时要以坚决为原则。所有这些，都是待人之术；然而很多人却背其道而驰。因此，跟智者说话就要用这些来加以阐明；跟不智者说话就要用这些来进行教诲。然而，事实上却很难做到。因此，说话时有很多方法，做事时也有很多变化。可见即使整天在谈论，而不丧失说话的方法，如此事情也就不会混乱。终日言谈不加变化，就不会失去主旨，所以聪慧之人的可贵之处就是不致紊乱。听言贵在聪敏，要听出对方真实的想法；智慧贵在高明，要总结出规律；言辞贵在奇妙，要语出惊人。

智慧总结

“权”的本意是秤锤，在古代用于称重，在此篇中引申为衡量、比较、权宜、变通等意思。本篇论述的主要内容就是在游说过程中如何依据权宜局势、随机应变地选择恰当的说辞。

文中首先说到“佞言者，谄而干忠；谀言者，博而干智；平言者，决而干勇；戚言者，权而干信；静言者，反而干胜”这五种言辞。“佞言”就是在摸透对方意图的基础上，采用花言巧语去讨好对方，替对方出主意想办法，使其接受自己的观点，让对方感到自己对他忠心耿耿；“谀言”就是采用不实之语迎合、赞美对方，同时也显示自己的博学多识，以求得到对方的信任，从而进一步拉近距离，在对方心目中留个“足智多谋”的美名；“平言”就是采用平白朴实的话语，单刀直入地陈说自己的建议，以果断干练的方式增强言语的真实感；“戚言”就是故意采用带有忧患意识的言辞和对方套近乎，以表明自己了解对方的想法，让对方感觉是站在他的立场上考虑的；“静言”就是采用稳重沉着的话语，找出对方计谋的不足，予以辩驳，让对方理屈词穷，从而使对方认同自己的观点。

在游说过程中，要注意游说口、耳、目的重要作用，尤其是在运用口舌游说时，千万不可随便开口，如果触怒了游说对象，就会得到适得其反的效果。只有适时而发，认清了事物的本质，掌握了事物发展变化的规律，才能达到游说的目的。

文中还说到言辞的五种常见错误：“病者，感衰气而不神也；怨者，肠绝而无主也；忧者，闭塞而不泄也；怒者，妄动而不治也；喜者，宣散而无要也。”从总体上分析，这五种错误分别是：一是语言空洞无物，说服性不强，给人以理不直、气不壮之嫌；二是语无伦次，让人摸不着要领，找不到关键切入点；三是说话吞吞吐吐，给人忧心忡忡、精神抑郁的神情；四是说话条理不清晰，缺乏逻辑性，像急火攻心一般；五是言语散漫，没有要点，东一榔头西一槌，使人听后不知所云。

文中在最后归纳出九种游说对象的方法："与智者言，依于博；与拙者言，依于辩；与辩者言，依于要；与贵者言，依于势；与富者言，依于高；与贫者言，依于利；与贱者言，依于谦；与勇者言，依于敢；与过者言，依于锐。"由此可知，在游说过程中，要根据不同的对象采用不同的游说态度与技巧，学会随机应变，便可变被动为主动；说话主题明确、重点突出、层次分明，便更有感染力、说服力、震慑力，从而更有利于达到自己游说的目的。

佞言者，谄而干忠；谀言者，博而干智

佞言者，谄而干忠；谀言者，博而干智；平言者，决而干勇；戚言者，权而干信；静言者，反而干胜。

西门豹颠倒黑白谏文侯

魏文侯在位时，西门豹治理邺都严肃法纪，刚正廉明，铁面无私。他不仅把装神弄鬼的大巫小巫投入漳河，祭了河神，还从重惩治了地方上的几个贪官污吏。邺都百姓拍手称快，都赞叹他的德政。在他的带领下，人们兴修水利，务农经商，很快就使这个荒凉的地区呈现出繁荣昌盛的景象。

西门豹勤政爱民，为官清廉，既不逢迎上司，也不奉承魏国君主，所以虽然政绩显著，却并没有受到魏文侯的赏识。

相反，魏文侯左右的一些大臣因西门豹触及其私党的利益，总想方设法地诋毁、诬陷他，以至于魏文侯听信了，准备把他召回京城，罢免他的官职。

西门豹拜见国君后，魏文侯当面责备他，大臣也添油加醋地批评他。西

门豹却一句怨言也不说，他只请愿道：

“从前臣才疏学浅，不知该如何治理地方，现在，大王和诸位大臣的教诲，使我学会了治理的方法。请再给我一个机会，换一个地方治理一年，如果还是治理不好，大王可以砍掉我的脑袋以息民愤。”

魏文侯答应了他的请求。

于是，西门豹到新地方上任后，一改往日清廉，大肆盘剥百姓，弄得地方怨声四起。他又不断地贿赂魏文侯的亲信大臣，让他们在魏文侯面前多说好话。

一年任期届满，他进京晋见国君。魏文侯满面笑容地赞美他治理有方，左右大臣同样交口称颂。

西门豹听了，怒气冲冲地骂道：“臣以前忠心为大王治理地方，有政绩，深受百姓拥戴，大王却要罢去我的官职。这一年，臣实际上是压榨百姓，欺上瞒下，大王却夸奖赞美我。这不是很愚蠢的行为吗？我不能屈节求荣，愧对百姓！请大王恩准我辞官回家！”

说罢，他当场交上官印，等候发落。

魏文侯这才省悟过来，惭愧地扶起西门豹，说道：

“寡人如今才明白事情的真相。请你原谅，我保证从今亲贤臣，远小人，任贤用能，就请你继续为我尽心尽力吧。”

评析

西门豹劝谏文侯的言辞就是以“佞言”为主，对自己在君主和群臣心目中的印象早就知晓。当魏文侯听信谗言时，便反其道而行之，以表明自己的忠心耿耿。在此西门豹运用巧妙的反证法来表明自己的清廉，并最终使魏文侯亲贤臣、远小人，足见其用心良苦。

解缙取悦朱元璋

朱元璋当上皇帝以后，忽然心血来潮，要去皇觉寺参习，因为他幼年时曾在皇觉寺做过僧人，想起当年信口所作的几首打油诗，他便想去看看是否还写在墙上。他想重温旧梦，重新体验一下当年的感受。解缙是当时文渊阁侍读大学士，很有才华，所以这样的事少不得要他陪王伴驾。

皇觉寺的方丈听说当年的小沙弥成了如今的圣上，而且还要光临本寺，自然是高兴万分，急忙把寺庙里里外外打扫得干干净净，之后才亲自开门迎接皇帝。

朱元璋也不说话，而只是四处寻找当年所题之诗，但怎么也找不到，就严肃地问方丈：

“当年我题在寺院墙上的那些诗，现在怎么一首也找不到了？”

方丈一听，顿时傻了眼，才知皇上千里迢迢而来，竟然是为了这个。原来的题诗早已被擦洗干净，但又不能如实地回答，急得他只知用手在空中四下瞎比画，却说不出话来。于是便用眼睛瞅着解缙，希望他能够帮助自己摆脱窘境。

解缙和老和尚原本是一对文友，空闲之余经常在一起吟诗作对，现在方丈有难，自然要帮他一把了。

解缙见朱元璋一脸茫然、迷惑不解的样子，就急忙出来打圆场说：

“陛下，方丈一见您的圣面，神情紧张，急得连话也说不出来了，他用手比画是在作诗呢，你没看出来吧？”

“什么，有这等事？”朱元璋很有兴致地问，

“那他在比画些什么呀？你说给我听听。”

解缙随口答道：

“圣上题诗不敢留，”

朱元璋拦住话头惊问道：

“为什么？”

“诗题壁上鬼神愁。”

朱元璋见自己的诗有这么大的威力，就挥挥手说：

“那就擦掉得了。”

“掬来法水轻轻洗，”

“难道一点痕迹也没留下吗？”

朱元璋不问出点什么来似乎不甘心，仍然对当年的题诗念念不忘。

解缙不慌不忙地说：

“犹有龙光照斗牛。”

一番话说得朱元璋开怀大笑。他知道解缙这是在奉承自己，也就作罢，不再追究什么了。

还有一次，解缙陪朱元璋在御花园的池塘里钓鱼，解缙对垂钓很在行，一会儿工夫就钓了半篓鱼。而朱元璋戎马出身，钓鱼总沉不住气，频频拉钩看有没有鱼，结果一条鱼也没能钓着。

朱元璋看解缙那里一会儿钓一条，当下就来了气，把钓鱼竿一甩，起身走了。

解缙一看这下可坏了，皇上一旦动了怒，可不是闹着玩的，所谓“伴君如伴虎”，要是把皇上惹恼了，自己可能就要有麻烦了。为了平息皇上的火气，他就对着朱元璋的背影轻松悠闲地吟了一首打油诗：

数尺丝纶落水中，
金钩一抛影无踪。
凡鱼不敢朝天子，
万岁君王只钓龙。

朱元璋一听，顿时一腔怒气全消，连夸解缙是一个奇才。

评析

解缙在此运用的就是“谀言”。在面对“私自涂掉皇上笔迹”和“钓技远在皇帝之上”这两件事时，他以“拍马屁”法，把这两道难题轻而易举地给化解了，足以表明他灵活多变、机智敏捷的头脑，同时也把握了“谀言”的时机，才会让朱元璋转怒为喜。

张良以史为鉴劝刘邦

秦朝灭亡后，项羽和刘邦开始了长期的楚汉争霸。公元前203年，项羽猛攻刘邦的驻地荥阳，刘邦形势危急。

一天，刘邦请教郦食其，问他该怎么办。

郦食其说："从前商汤讨伐夏桀，封他的子弟于杞地；武王打败商纣之后，封他的子弟于宋地。现在，秦朝不顾信誉，连年侵伐诸侯，灭掉六国之后，使这些国家的王室后裔没有了立锥之地。现在，陛下如果能恢复六国，分封他们的子弟，给他们复国的印章，六国的君臣百姓必然会感谢陛下的大恩大德，都会来归顺大王并向大王称臣的。那时大王就能完成霸业，连项羽也得前来朝贡了。"

刘邦听了觉得有道理，便要郦食其携印去分封，恢复六国。当刘邦把这项决策告诉张良以后，张良说："您要按郦食其说的去做，那您的事业就快完了。"

刘邦一听，大惊失色，慌忙问道："怎么会呢？"

张良道："以前商汤王讨伐夏桀时，分封他的子弟于杞地，是因为他估计能把夏桀打败，并置之于死地。而如今，陛下您有把握打败项羽，置他于死地吗？"

刘邦摇摇头："不能，至少现在还看不出来！"

张良接着说："这是第一个不行的原因。当年，周武王讨伐商纣王时，很有把握能取下商纣王的性命。而如今，陛下您有把握能取下项羽的性命吗？"

刘邦说："不能。"

张良又说："这是第二个不行的原因。周武王攻下殷都以后，能够给商人以重赏，把箕子从监狱里放出来，重筑比干的坟墓。而如今，陛下您能够重筑圣人的坟墓，重赏贤明的人，给智者大开方便之门吗？"

刘邦说："不能。"

张良又说："这是第三个不行的原因。周武王战胜商纣王以后，能够将商朝仓库里的粮食发放给饥饿的人，把纣王国库的钱拿出来分给贫穷之人。如今，陛下您能把国库里的钱拿出来施舍给穷人吗？"

刘邦说："不能。"

张良接着说："这是第四个不行的原因。周武王夺取天下后，把所有的兵器用虎皮盖住收藏起来，表示以后再也不对天下用兵，发动战争。如今，陛下您能做到弃武从文，不再用兵吗？"

刘邦道："不能。"

张良说："这是第五个不行的原因。还有，周武王能够把牛都赶到桃林之中，表示不再劳役人民。如今，陛下您可以做到这一点吗？"

刘邦说："不能。"

张良说："这是第六个不行的原因。如今天下有志之士离开他的亲人，跟着陛下您征战，日日夜夜都想有一个容身之地。如今，您要分封各国的后代，那么天下的志士就都有了存身之地，那谁还会跟着您呢？这是第七个不行的原因。所以，如果用这个策略的话，您的事业就要完了。"

刘邦听完，连忙召回郦食其，不再提分封之事。

评析

张良劝说刘邦不分封的言辞就是"戚言"。其特点就是先说出自己的主张，而后想方设法让对方采纳。张良站在君主的立场之上，以史为鉴说出不可分封的七个原因，使刘邦心服口服，随即改变了主意。政随时迁，制随俗变，刘邦最后找到了正确的应对方法，终于成就了一代帝业。

孔子以竹为喻示子路

孔子的学生子路，姓仲，名由，常常跟随孔子周游列国，负责保护他的安全。子路身材威猛、反应机敏，而且仪表堂堂、风度翩翩，只要子路陪伴在孔子身边，就无形中生出一种震慑人心的力量，即使再凶狠狡猾的坏人也不敢对孔子起什么歹心。在他的保护下，孔子从来没有受过什么伤害。

一天，孔子问守护在身边的子路："仲由，这么长时间我也没看出你有什么喜好，你到底有些什么嗜好啊?"

子路随口答道："我最喜欢的莫过于佩带长剑！那样将会为我的形象锦上添花，再没有什么比这更让我开心的。"

孔子稍稍皱起眉头，似乎有些不满意，接着问："那学习呢？你没有觉得学习是一件快乐的事吗?"

子路茫然地反问："学习？我从来没有觉得那会有多大好处!"

孔子叹一口气，不紧不慢地说："学习和知识的力量是巨大而无形的！你看看，一国之君需要谏臣的辅佐，才能让国家兴盛；普通人需要明事理的朋友提醒自己的过失，才能提升自身；为人处世也需要不断向他人学习，听取别人的意见，才能博采众长。

"真正的君子喜好学习，集思广益，因而足智多谋，做起事来就会顺利；相反那些不善学习的人，自以为是，诋毁仁德，对有学问的人心生抵触，这无异于推着自己往后退。可见，不学习就会落后呀!"

子路耐着性子听完孔子讲述的大道理，等老师一说完，就不以为然地反驳说："我觉得并不是完全这样！您看，南山上的竹子没有人扶植，不也一样长得笔直吗？而且用这种竹子做成的箭，也一样能穿透皮革！可见，很多事情没有学习和知识也照样能运行得很好!"

孔子见子路还是没有信服自己的观点，而且还胡搅蛮缠，觉得又好气又好笑。他接着子路的话说："其他的暂且不说，要是能把竹箭修理一番，装上羽毛，再把它削成尖头，那它的穿透力不就更强了吗？你说呢?"

子路一时哑口无言，孔子见状，就趁热打铁，说道："看一个人，不能仅仅看外表。有的人金玉其外，但是腹内空空；有的人相貌平平，却满腹珠玑。前者虽然悦目，但却流于俗气；后者赏心，也令人起敬。可见，学习对一个人来说是多么重要啊!"

子路心悦诚服地对孔子说："我一定牢记您的教诲!"

评析

孔子劝说子路要有好学之心时所用的言辞就是“静言”。当子路反驳竹子做成的箭可穿透皮革时，孔子便抓住这句话的不足之处，以修理的竹箭威力更大去反驳子路，从而使其理屈词穷，哑口无言，并最终认同了孔子的观点。

公仲连迂回说理成己愿

战国时，赵烈侯十分爱好音乐，每天都要欣赏音乐，还经常在全国征集歌伎。有一天，赵烈侯对相国公仲连说：“我最喜爱的人，可以让他成为贵人吗?”

公仲连不知何意，就说：“大王，使他富起来行，但使他贵起来却不行。”

赵烈侯说：“既然这样，那就赏赐给郑国的歌伎枪和石每人各一万亩田吧，他们是我最喜爱的人。”

公仲连大觉诧异，这么做众大臣心里会怎么想？但他还是口头答应了赵烈侯，实际上并未执行。

过了一个月，赵烈侯向公仲连问起赏赐田地的事，公仲连推辞说正在寻找合适的田地，目前还没有找到。

又过了一个月，赵烈侯又问起此事。公仲连始终认为这样做不妥，几番搪塞之后，他索性声称自己有病，不能上朝。

番吾君听说这件事，对他说：“您的用心我非常明白，只是您的方法不妥当。您有没有想过向国君推荐一些合适的人才呢?”

公仲连说没有找到。于是番吾君说：“牛畜、荀欣、徐越这三个人都很好，他们各有特长，名声也非常好。”

公仲连就把他们推荐给了赵烈侯。等到再次朝见时，赵烈侯又问公仲连：“给歌伎赐田的事究竟办得如何？是不是拖得太久了?”

公仲连回答道：“这不是小事，应当慎重，臣正在选择满意的地方。”

公仲连推荐的三个人也开始为这事婉转地做赵烈侯的工作。牛畜在赵烈侯身边侍候，他总是以仁义、王道等言语说给赵烈侯听，赵烈侯听后觉得十分舒适。第二天，荀欣又说了一套推举贤士、任用能人的话语，赵烈侯听了非常喜悦。第三天，徐越又说了一番勤俭省用、考察功绩德政、赏赐适当等言语，赵烈侯听了很高兴。

当又一次上朝时，赵烈侯对公仲连说："赏赐田地的事暂时停止吧。"说完，他又任命牛畜担任师职，荀欣担任中尉，徐越担任内史，并赏赐相国公仲连两套衣服。

评析

劝谏时的言辞也可以多种并用，公孙连在此劝谏赵烈侯时便做到了这一点。开始以"佞言"对赵烈侯下达的命令进行"冷处理"，拖延不办。接着选拔贤士，一齐向赵烈侯进谏，其中也必定有"谀言""戚言"等。所谓"三人成虎"，小人们惯用散布谣言，君子也可依靠多种言辞达成己愿。

古人有言曰"口可以食，不可以言"

古人有言曰"口可以食，不可以言"，言者有讳忌也；"众口铄金"，言有曲故也。

杨修恃才放旷遭杀身

三国时期，曹操手下有位才子，名叫杨修。他不仅才华出众，而且反应机敏，聪颖过人。最初，曹操非常看重他。不过，杨修一向恃才傲物，锋芒太露，不但使曹操渐渐生出反感，而且最终引来杀身之祸。

杨修善于揣摩曹操的心思。有一次，曹操命人新修了一座花园，修好后他带人来参观。曹操觉得很满意，只是临走时在花园门上写了一个"活"

字。等曹操走后，杨修对修园人说："主公嫌花园的门太宽阔了，请你把它改窄点。"

修园人不解其意，杨修便说："你没看见主公刚才在门上写的'活'字吗？门与'活'合在一起，正是一个'阔'字。这就是告诉你们，花园的门太宽了，必须改小。"众人听了，都说有道理。于是，修园人按照杨修所说的去办了。过了几天，曹操再次来参观时，发现花园门改小了，连连称好。

又有一次，有人送曹操一盒酥饼。曹操在饼盒上写了"一合酥"三个字，便放在桌子上。恰巧杨修进来看见了，便把大家叫来，想分吃酥饼。

可是，这盒酥饼是送给曹操的，谁敢轻易品尝。看到众人迟疑不动，杨修就说："主公在盒子上面写了'一合酥'三字，分开来念就是'一人一口酥'。所以你们尽管放心吃好了，出了事由我来承担。"

大家觉得他说得对，便纷纷上前将酥饼一抢而光。曹操知道此事后，虽然没说什么，但心里却对杨修的自作主张有些反感。

后来曹操率军攻打刘备，在定军山大败。曹操感到进退两难，但却不愿轻易撤兵。一天晚上，大将夏侯渊走进帐来，向曹操询问当晚夜巡的口令。曹操正在吃饭，手中拿着一块鸡肉，就随口说了"鸡肋"二字。

夏侯渊出帐后，就把这个口令告诉了夜巡的将士。杨修听到后，便吩咐手下人赶快收拾行囊，准备撤退。有士兵把此事报告了夏侯渊，他有些迷惑，赶忙问杨修。

杨修说："鸡肋，鸡肋，食之无味，弃之可惜！主公是不想在此恋战了，他虽然没有直接说出来，但心里已经准备要班师回朝了。"

夏侯渊早有耳闻，对他的话深信不疑。回到帐中后，也命令手下人收拾物品为撤军作准备，并派人通知了其他将士。

很快有人把这一消息报告给曹操。曹操一听，不禁勃然大怒，他早就对杨修的恃才之举有厌恶之心，立刻命人以蛊惑军心为由将其推出斩首。

评析

"口可以食，不可以言"，原意是说口可以用来吃东西，却不可以用来说话，这是因为说话有很多顾忌和隐讳。它提醒谋士应该在不利时刻隐藏自己的才干，而不是自作聪明，这样才能保证成就事业而无祸患。杨修之死，正是由于锋芒太露，遭到了曹操嫉妒的缘故，处处显示自己比主人高一等，必定会导致祸患的降临。

一个人若要获得别人的赏识和器重，就不能个性孤僻，独守一隅，而要敢于表现自己的才华。不过，在表现自己时仅有大胆是不行的，更重要的是必须把握好表现的时机。过分张扬，锋芒太露，不会有好结果。如果给人以自以为是、爱出风头的感觉，必将招致他人的反感。

三人成虎危害大

三人成虎的典故出自《战国策·庞葱与太子质于邯郸》一章。这里揭示出一个只有权谋家们才知道的秘密：那就是人类语言对真实事实的支配性。

战国时期，魏王和赵王订好条约，魏王送儿子去赵国作人质，派大夫庞葱陪同，定于某日起程赴赵都邯郸。

临行时，庞葱向魏王提出一个问题，他说："如果有一个人对您说，我看见闹市熙熙攘攘的人群中有一只老虎，君王相信吗？"魏王说："我当然不信。"庞葱又问："如果是两个人对您这样说呢？"魏王说："那我就半信半疑了。"庞葱紧接着追问了一句道："如果有三个人都说亲眼看见了闹市中的老虎，君王是否还不相信？"魏王说道："既然这么多人都说看见了老虎，那证明肯定确有其事，所以我不能不信了。"

庞葱听了这话以后，深有感触地说："果然不出我的所料，问题就出在这里！事实上，人虎相怕，各占几分。具体地说，某一次究竟是人怕虎还是虎怕人，要根据力量对比来论。众所周知，一只老虎是决不敢闯入闹市之中的。如今君王不顾及情理，不深入调查，只凭三人说有虎来到闹市，你就确认无疑，等我到了比闹市还远的赵国，您要是听见三个或更多不喜欢我的人说我的坏话，岂不是要断言我是坏人吗？临别之前，我向您说出这点疑虑，是希望君王一定不要轻信人言。”

庞葱走后，一些平时对他心怀不满的人开始在魏王面前说他的坏话。时间一长，魏王果然听信了这些谗言。当庞葱从邯郸回魏国时，魏王再也不愿意召见他了。可见“众口”的力量多么大啊！

评析

“‘众口铄金’，言有曲故也”，原意是说众口一致的言辞可以把金属熔化，这是由于语言的偏差和曲解造成的。如此看来，妖言惑众，流言蜚语多了，确实能够毁掉一个人。随声附和的人一多，白的也会被说成黑的，真的也会被说成假的。所以我们对待任何事情都要有自己的分析，最好不要轻信于人，更不可人云亦云，否则就可能会被假象所迷惑。

第十篇　谋术

原文

为人凡谋有道，必得其所因，以求其情。审得其情，乃立三仪。三仪者，曰上，曰中，曰下。参以立焉，以生奇。奇不知其所壅，始于古之所从。故郑人之取玉也，载司南之车，为其不惑也。夫度材、量能、揣情者，亦事之司南也。故同情而相亲者，其俱成者也；同欲而相疏者，其偏害者也；同恶而相亲者，其俱害者也；同恶而相疏者，偏害者也。故相益则亲，相损则疏，其数行也。此所以察同异之分，其类一也。故墙坏于其隙，木毁于其节，斯盖其分也。故变生事，事生谋，谋生计，计生议，议生说，说生进，进生退，退生制，因以制于事。故百事一道，而百度一数也。

译文

大凡为人出谋划策都要有一定的规律和法则，也就是必然要得到事情的因果关系，进而才能探索出其实情。能详细得到实情，就要建立三仪。所谓“三仪”，就是上智、中才、下愚。三者相辅相成，才能产生奇计。而奇计并没有什么可以壅弊的，而是在古代就开始了。郑国人入山采玉，就用装有司南的车子运输，目的是不迷失方向。度才、量能、揣情等，也是行事的指南。心意相同而关系亲密的人，谋事一定都会成功；有相同的欲望而互相疏远的人，必有一方受到损害；同时受到憎恨而又互相亲密的，他们都会受到损害；同时受到憎恨，却又互相疏远的，只会有一方受到损害。所以，相互有好处就亲近，反之，有坏处就疏远，这是很平常的事，也是判断异同分类的方法。墙壁有了裂痕就会造成大祸，树木有了虫毁就会折断，这可以说是理所当然的事。事情变化会生出事端，有事端就产生谋略，有谋略就会有计划，计划则是由议论发生，议论则是由游说发生，游说则是由进取发生，进取确立了规章制度，来制约事物。万事万物都遵循这个道理，而同样的道理又遵循一个法度。

原文

夫仁人轻货，不可诱以利，可使出费；勇士轻难，不可惧以患，可使据危；智士达于数，明于理，不可欺以不诚，可示以道理，可使立功。是三才也。故愚者易蔽也，不肖者易惧也，贪者易诱也，是因事而裁之。故为强者积于弱也，为直者积于曲也，有余者积于不足也，此其道术行也。

故外亲而内疏者说内，内亲而外疏者说外。故因其疑以变之，因其见以然之，因其说以要之，因其势以成之，因其恶以权之，因其患以斥之。摩而恐之，高而动之，微而证之，符而应之，拥而塞之，乱而惑之，是谓计谋。计谋之用，公不如私，私不如结，结，比而无隙者也。正不如奇，奇，流而不止者也。故说人主者，必与之言奇；说人臣者，必与之言私。

译文

有仁德之心的人会轻视财货，不能以利益来引诱他们，反而可以让他们捐出财物；勇敢的壮士对危难视而不见，不能用祸患相恐吓，反而可以让他们据守危险之地；有智慧的人通达数术、明晓物理，不能用不诚实的言行相欺骗，反而可以向他们说明道理，让他们建功立业。这是三种有才干的人。所以，愚笨的人容易被蒙蔽，品行不端的人容易被恐吓，贪婪的人容易被利诱，所有这些都要根据具体情况加以裁断。所以，强大是由弱小发展而来的，壮直是由弯曲积累而成的，有余是由不足积累而成的，这就是道术的一种具体表现。

表面亲密而实际疏远的人就从内心着手进行游说，表面疏远而实际亲密的人就从外表入手游说。所以，对内心和表面无所亲近而有所疑惑时，要根据对方的疑惑来改变说辞，根据对方的表现予以肯定，根据对方的观点予以总结，根据对方的形势予以成就，根据对方的缺点予以权衡，根据对方的忧患予以排斥。运用揣摩之法加以恐吓，用高远之论加以策动；采取一些微小行动以证实说辞，用内符术进行验证，有意制造障碍予以堵塞，骚乱之后加以迷惑，这些都属于运用计谋。计谋的运用，公开不如保密，保密不如同心相结，同心相结就可以做到无隙可乘。正规策略不如奇策，而奇策实行起来就很难罢休。所以，向人君游说，必须先跟他谈论奇策；向人臣游说，必须先跟他谈私交，关注他的切身利益。

原文

其身内、其言外者，疏，其身外、其言内者，危。无以人之所不欲，而强之于人；无以人之所不知，而教之于人。人之有好也，学而顺之；人之有恶也，避而讳之；故阴道而阳取之也。故去之者纵之，纵之者乘之。貌者不美，又不恶，故至情托焉。可知者，可用也；不可知者，谋者所不用也。

故曰："事贵制人，而不贵见制于人。"制人者，握权也；见制于人者，制命也。故圣人之道阴，愚人之道阳。智者事易，而不智者事难。以此观之，亡不可以为存，而危不可以为安，然而无为而贵智矣。智用于众人之所不能知，而能用于众人之所不能见。既用见可否，择事而为之，所以自为也；见不可，择事而为之，所以为人也。故先王之道阴，言有之曰："天地之化，在高与深，圣人之制道，在隐与匿。非独忠信仁义也，中正而已矣。"道理达于此义者，则可与言。由能得此，则可与穀远近之义。

译文

身处亲密地位但说话却虚伪而见外的人，就会逐渐被疏远；身处疏远地位但说话却深切内情的人，就会非常危险。不要把别人所不愿接受的事情强加于人；不要用别人所不知道的事情去教诲别人。别人有所喜爱，就可以学习迎合其爱好；别人有所厌恶，就可以加以回避以免引起不快。所以，通过隐秘的方式进行，而公开地获取效果。因此，要想去除，就先放纵，放纵之后再乘机采取行动。通过考察人的形貌以知其真情，如果其人中和平淡，见善不美，见恶不非，就可以深情相托。可以知心的人，就可以重用；不可以知心的人，善于谋划的人是不会重用他的。

所以说："行事贵在控制别人，而不是被别人所控制。"控制住别人，你就掌握了主动权。被别人控制，你的命运就掌握在别人手中。由此而论，圣智之人做事总是暗中密谋，愚蠢的人则在明处张扬。因而，圣智之人做起事来就容易，愚蠢的人做起事来就难。由此可见，那些愚人做的注定要灭亡的事是无法挽回失败而很难复兴图存的，他们造成的危急局势也无法使之转危为安，然而圣智之人做事表面上好似没有使用手段，实际上暗中早已使足了智谋。用智，就要用在一般人不知道的地方，就要用到一般人看不到的地方。运用计谋时，如果可行就去做，这是为自己去做；如果不可行就选择去做，这是为别人去做。所以，圣贤君王做事贵在隐秘。有人说："天地万物的造化，在高与深；圣人运用道术，在于隐秘藏匿。处世决不仅仅是忠、信、仁、义，而是力求于事理的中庸之道罢了。"能够明白这个道理，就可以与人交谈。得到这些道理，就可培养远近的关系。

智慧总结

"谋"与"权"相连，意思是施展谋略计策，其主旨是如何针对不同的人或事去设立和使用计谋，以达到自己的目的。即通常所说的"运筹帷幄之中，决胜千里之外"。《权术》篇更多地停留在分析总结阶段，可以说是事前的思考与准备，而本篇《谋术》则是计谋的实施阶段，讲述了有关计谋的产生、使用和特点，说明如何献计献策和利用他人交友的问题。

文中首先说到"谋"产生的前提与规律。了解了事物的真相，明白了事情发展变化的趋势，就会促使对方产生能够诱使事物朝有利于自己的方向发展的意图，进而产生解决问题的方法。得知对方的内心体验是"谋"的前提，之后就要构思"谋"的策略，采取行之有效的方法，最后便是付诸实施的阶段。在实施过程中还要根据外界环境的具体变化合理调整策略，以求能够达到自己的最终目的。所以文中说道，"变生事，事生谋，谋生计，计生议，议生说，说生进，进生退，退生制"，这几个环节是环环相扣的。

在实施计策的过程中，要注意一些问题。一是要按对方的意图或想法去制定策略。如果一味固执己见，不能投其所好，则决策再完美也是徒劳，因为对方不感兴趣。二是把握好亲疏关系决策的原则。切不可亲近人说见外话，关系远者却说些知心话。否则，至亲者就会变得陌生，而远者可能危害到自己。三是根据游说对象的品行来制定决策。能够顺从对方的优点，避免触及对方的缺点，而且还要在不知不觉中抓住对方的弱点来帮助自己制定策略。只有因人而异、对症下药，才能制定有效的策略，才能在实施阶段顺利进行。

总之，在谋略的运用中，除了掌握技巧方法外，还应懂得公开运用不如暗中实施、遵循常理不如出奇制胜，因为谋的目的在于控制游说对象，而不是受制于人，使人在出乎意料、不知不觉中便达到了自己的目的，这才是运用智谋的高明之处。

变生事，事生谋，谋生计

故变生事，事生谋，谋生计，计生议，议生说，说生进，进生退，退生制，因以制于事。故百事一道，而百度一数也。

姜维将计就计败敌军

魏景元元年（公元 260 年），姜维听说司马昭杀了曹髦，立了曹奂，便借机第七次出兵征伐中原。大军刚在祁山下寨，便听说敌将王瓘率兵来投降。姜维令军兵阻住降兵，只放降将入帐来见。

王瓘对姜维说：“我是魏国尚书王经的侄儿王瓘，我叔父一家因曹髦而受牵连被司马昭杀害。今听说将军又出师伐中原，我要借将军之威，为叔父一家报仇雪恨。”姜维一听，高兴地说：“将军来降，吾十分高兴，昔日夏侯霸将军降我，被我军重用，卿也同样。现在我军中粮草转运是件大事，你可率本部军马 3000 人，去川口把几千车粮草运到祁山寨中。我用你 2000 军马做向导，去攻邓艾营寨。”王瓘本来是行诈降计的，知道姜维借魏朝中有变，来伐中原，王瓘便投其所好，诈称自己是王经的侄子来投降姜维，企图使姜维像信任夏侯霸那样信任他。现在见姜维这样安排，不答应吧，恐怕姜维会产生疑心；答应吧，带来的5000军兵一下子就被分出去近一半。为了大计，他只好痛快地答应了。

王瓘出营后，夏侯霸入帐对姜维说："我听说魏将王瓘来投降，将军怎么能信任他的话呢？我在朝中多年，未听说过王经有这样一个侄子，其中必然有诈。”姜维大笑说："我已经看出其中有诈了。司马昭的奸诈不亚于曹操。他既然在朝中杀了王经一家，怎么会让他的亲侄子在边关统兵呢？我之所以这么安排，是要将计就计而行，你未见我已把他的兵势分开了吗？”夏侯霸知道姜维有了防备，便放心出营了。

姜维在王瓘率兵走后，派军兵在途中布暗哨设伏，切断王瓘与邓艾之间的联系。果然，不到10天，巡哨的军兵捉到王瓘派往邓艾大寨的信使。姜维见王瓘在书中约邓艾8月20日运粮到魏营，请他在坛山谷中接应。姜维把情况盘问仔细后，杀了信使。把书中的8月20日改为8月15日，另派人扮成魏军把书信送给邓艾，同时做好在坛山谷伏击邓艾的准备。

邓艾得到王瓘的书信后，仔细盘问了信使，见信无伪，便如期率5万精兵向坛山谷中进发。到了谷口，邓艾登山一看，果然见远谷中有千余辆粮车，慢慢驶来。邓艾见天色已晚，未敢贸然率兵入谷，便在谷口安营，准备在谷口处接应王瓘。

姜维见邓艾不率兵入谷，便又遣人扮作魏兵向邓艾报告说："现在粮车已经过界，被后面蜀军发现，正在追赶，王将军请邓将军速去接应。”邓艾听后，正犹豫不决，这时却听到谷中鼓声阵阵，杀声隐约传来。他以为这必是王瓘与后面追兵在厮杀，于是率军入谷去接应。

当邓艾深入谷中后，谷口顿时被截断，谷内草车瞬间燃起，伏兵一齐杀出。邓艾听到蜀军大喊“捉住邓艾可封万户侯”的悬赏令后，赶忙弃马丢盔，混在步兵中，爬山而逃，其余数万军马皆降。

这时王瓘在川口还等着准备20日举事呢，突然闻讯邓艾中计大败的消息，就知诈降之计败露，于是趁夜烧了蜀军粮草，见无路可走，便率兵向汉中方向杀去。

姜维正要继续搜寻邓艾，却听说王瓘见势不妙，往汉中杀去了。姜维怕汉中有失，立即率兵抄小路截阻王瓘。王瓘见四面受敌，无路可逃，跳江自尽了。

评析

姜维知道了司马昭杀曹髦、立曹奂之事，便决定兵伐中原，这就是“变生事”。王瓘以诈降之计到蜀军，却被姜维识破。姜维便将计就计设下圈套，灭掉了邓艾的大军，取得了胜利，这便是“事生谋，谋生计”。

赵匡胤陈桥兵变

后周显德七年（公元 960 年），赵普派人散布谣言，上奏朝廷说北汉和契丹会师南下，派兵进犯。

后周宰相范质、王溥等仓促之中不辨真伪，急派赵匡胤率兵从大梁（今河南开封）出发，北上防御。当大军行至开封东北 40 里的陈桥驿时，赵匡胤便驻足不进。

军中有一个通晓星象的人叫苗训，他指点门官楚昭辅等人观察天象，看见“日下复有一日，黑光摩荡者久之”，似乎两个太阳正在搏斗。古时候，人们认为太阳是皇帝的象征，另外出现一个太阳，就预示要出现一个新的皇帝。谣言于是不胫而走。当晚五更，军中将士们聚集在陈桥驿前，议论纷纷。赵匡胤于是派亲信煽动将士们说：

“现在皇帝年幼，不能亲政，我们冒死为国家抵御外敌，又有谁知道！不如先立将军为天子，然后再北征也不晚。”

这时，一直在幕后策划的赵普、赵光义等人便出来假言规劝将士们不要这样做。他们名为劝阻，实为激将，这一下果然群情汹汹。赵普等人见时机成熟，就派人连夜赶回，通知大梁城内的守将石守信、王审琦等人，让他们在京城领兵策应。

黎明时分，北征的将士们披甲执刃，团团围住赵匡胤的军帐。此时，赵匡胤正悠闲地卧于帐中饮酒，佯作不知。赵普与赵光义进来禀告外面的情况，赵匡胤这才慢慢起身出来。

将士们一见便高呼："诸军无主，愿奉将军为天子！"

赵匡胤未及开口，就有人把象征着皇权的黄袍裹在他身上，高呼万岁。参加兵变的将士们不等他分辩，就簇拥他上马。赵匡胤手揽缰绳对众将士说："我有号令，你们能听从吗？"众将士纷纷表示愿听号令。赵匡胤接着说："太后和皇上，我一直对他们称臣，你们不能冒犯；诸位大臣，都是与我在一起的同僚，你们不能侵凌；朝中普通的家庭，你们不能强行掠夺。听从我命令的重赏，违反命令的一律处置。"

众将士听到这些话，都下马跪拜。于是，赵匡胤就整肃军队进入大梁。

赵匡胤进城后，命令将士们各归营帐。片刻之后，手下将领簇拥着宰相范质等群臣前来。赵匡胤一见之下就痛哭流涕，对他们说道：

"我违抗了上天的旨意，当作叛军首领，都是诸位将士们下命令逼迫我的缘故，我不得不这样做啊！"

但还没等范质等开口说话，一个名叫罗彦环的将领随即手按利剑对范质等人厉声怒喝：

"我们诸位将士没有首领，今天我们奉赵匡胤为天子。"

范质等人面面相觑，无计可施，只好承认赵匡胤为皇帝。于是赵匡胤择日登基，史称宋太祖。

评析

从散布北汉与契丹进犯的谣言，到观天象、唆使将士拥立赵匡胤为帝，而后里应外合、兵不血刃进入都城大梁，赵普等人将整个兵变过程安排得丝丝入扣、细致入微，甚至连加身黄袍和禅代诏书都已事先准备好。赵匡胤对将士们的约法三章，也是赵普等人谋划兵变的既定策略，既有利于稳定局势，巩固统治，也有利于日后北宋的统一事业。可见，谋大事贵在一气呵成，这就是所说的“变生事，事生谋，谋生计”。

夫仁人轻货，不可诱以利

夫仁人轻货，不可诱以利，可使出费；勇士轻难，不可惧以患，可使据危；智士达于数，明于理，不可欺以不诚，可示以道理，可使立功。是三才也。

郑板桥趋义避利真君子

郑板桥在潍县当县官时，遇到一个大灾之年，为了救济穷苦的老百姓，他不顾个人的身家性命，打开官仓，救济了当地灾民。

事后他被皇帝怪罪，革了官职，放还老家。

郑板桥其实早就厌倦了官场生涯，有归隐之意，当下就雇了一条民船，载着自己的家当，沿着运河向家乡驶去了。

有一天，郑板桥见江面上冷冷清清，来往的行船不是停靠在码头，就是搁浅在岸边。后来通过打听才知道，原来是因为有一条官船要在此经过，于是通知所有的民船都要回避。

郑板桥一向孤傲，哪里管这一套，仍是吩咐船工照常行驶，不必理睬。

前行一段路程之后，果然看见迎面驶来一艘官船，排场甚是豪华。桅杆上挂着“奉旨上任”的旗子，随风摆动。

郑板桥心想，好汉不吃眼前亏，这条官船大，载量大，一旦让它撞上可就太不值了，但是，又不能畏缩地躲避它。

正在紧张地思索如何应付时，他忽然想到了一个办法。他让家人赶紧找出一块绸绢，亲笔写下“奉旨革职”四个字，也让船工高挂到桅杆顶上。

官船的人一见迎面开来的船，不仅不回避，还占据江心主道，照常行驶，顿生疑虑，抬头一看，只见那只船上也挂着一面高高飘扬的旗幡，还以为它也是奉旨上任的官船，正好借此机会攀附一番。

于是放慢速度，当两船靠近时，从官船上出来了个大官人，一见是只不起眼的民船，桅杆上挂的是“奉旨革职”的旗帜，便大呼小叫起来。

郑板桥道：

“你有什么神气的！你奉旨上任，我奉旨革职，都是‘奉旨’，我为什么要给你让路呢？”

这官人气得无话可说，钻回舱里，几经了解才知对方就是当今名士书画大家郑板桥。他立即改变态度，派手下的人携带一点礼物，登船道歉。其实道歉是假，取郑板桥的字画是真。

郑板桥听说此人刚用钱买了个县令，正要上任，而且这个人名叫姚有财，除了吃喝嫖赌，没有别的本事，于是便想借机羞辱他一番，所以佯装答应，手书一诗相赠。姚有财派来的人自是十分高兴，乐得不得了，拿到郑板桥的手迹回到船上交给县官，小心翼翼地展开欣赏，就像欣赏奇珍异宝似的，但见上面写道：

“有钱难买竹一根，财多不得绿花盆，缺枝少叶没多笋，德少休要充斯文。”等到县官把每句诗的首字连起来一读——“有财缺德”，不禁气得昏了过去。

评析

“仁人轻货，不可诱以利”，意思是说仁德君子视钱财利益如粪土，这样的人用好处是无法引诱的，更何况是两袖清风的郑板桥，连当朝权贵尚且不放在眼里，如何又会在乎眼前这个小县令呢？想以小的恩惠收买郑板桥，实在是选错了对象，不但事无所成，还遭到了羞辱，实在是得不偿失呀！

晏子投鼠忌器进谏言

春秋时期，齐国国君齐景公即位后非常敬重相国晏子。

有一天，他问晏子：“治理国家最担心的是什么？”

晏子回答说："治理国家最担心的是社鼠。"

齐景公觉得很奇怪，愣愣地皱着眉头盯着晏子，好半天才问道："这是什么意思呢？"

晏子说："大王，您见过土地庙吗？土地庙就是由许多木头排在一起，而后在外面涂上泥土做成的。社鼠最喜欢到那里去做窝了，这样便很不容易捕杀它们。如果我们用火去熏，害怕烧坏了里边的木头；如果用水去灌，又恐怕冲坏了泥墙。只好让其逍遥自在地在里边生活了。所以，土地庙里的老鼠是最可怕的。君主左右也常常有类似社鼠的一些人，他们在君主面前夸耀自己，把自己说得天花乱坠，无与伦比，同时又攻击别人，经常说他人的坏话。在百姓那里，他们作威作福，自命不凡，把坏事做尽。如果不除掉他们，他们就会越来越胆大妄为，乃至祸国殃民；惩罚他们吧，又怕有碍于君主的面子。国君，您看这些人不就与土地庙里的社鼠一样吗？"

晏子说完，见齐景公还是似懂非懂的样子，又继续说："曾经有这么一个故事。有一个卖酒的，他酿的酒味道非常醇美，价钱也很公道。而且，酒店前面是一条小河，后面靠着青山，店旁还有绿水环绕，环境十分幽静。店门口挂着长长的酒幌子，迎风飘扬，招揽顾客。酒店的酒非常好，但生意却很差，没有一个人来这里品尝他的美酒。店主人非常着急，却又不知道是怎么回事，就跑去问村里的人。有一个老者告诉他：'你门前养的那条狗太凶了，有人拿着酒壶去打酒，你的狗就迎头乱咬，谁还敢再去你的酒店呀？这就是你的酒卖不出去的原因啊！'老板听了，回去后就把狗牵走了，结果上门买酒的人络绎不绝。一个国家也有这样的恶狗，他们就是那些不学无术，却又野心勃勃，一心想占据高位的人。有道德、有才能的人想要觐见国君，提出好的治国方略，他们恐怕这些人被重用后排斥自己，于是就像疯狗似的对这些人迎头乱咬。您想，那些占据高位的坏人不就像凶狗一样吗？君主左右藏着那些土地庙的'社鼠'，又有那些'凶狗'占据着高位堵在门口，有德有才的人怎么能够得到重用呢？国家怎么能够兴旺呢？国君得不到贤能之人的辅佐，怎么能不让天下百姓担心呢？"

齐景公听了晏子的谏言，觉得心悦诚服，从此便更加敬重晏子了。

评析

“明于理，不可欺以不诚，可示以道理，可使立功”的意思是说对通达事理之人，不能用言行相欺骗，而应该向他们说明道理，以使其建功立业。历史上有很多谏臣，晏子便是其中的翘楚。他的进谏没有一丝不敬，以社鼠和凶狗来比喻那些朝中的庸人和奸臣，把道理讲得极为透彻明白。齐景公既听了故事，又得到了良好的建议，自然心悦诚服，而在政绩上有所作为。

第十一篇　决术

原文

为人凡决物，必托于疑者，善其用福，恶其有患。善至于诱也，终无惑，偏有利焉。去其利，则不受也，奇之所托。若有利于善者，隐托于恶，则不受矣，致疏远。故其有使失利者，其有使离害者，此事之失。

译文

为别人决断事疑，一定是因为有了疑惑。人大都喜欢得到福祉，厌恶产生祸患。对于有害的事，即使有什么东西引诱，但能明辨是非，诱得实情，自然不会因此而困惑。决断应该有利益，否则就不会被接受，这就需要制定奇谋。如果有利的决策隐藏在不利的表象下，就不会被接受，从而导致疏远。所以对事物做出决断，有的会使人失去利益，有的会使人遭受损害，这都是行事失败的表现。

原文

圣人所以能成其事者有五：有以阳德之者，有以阴贼之者，有以信诚之者，有以蔽匿之者，有以平素之者。阳励于一言，阴励于二言，平素枢机以用四者，微而施之。于是度以往事，验之来事，参之平素，可则决之；公王大人之事也，危而美名者，可则决之；不用费力而易成者，可则决之；用力犯勤苦，然不得已而为之者，可则决之；去患者，可则决之；从福者，可则决之。故夫决情定疑万事之机，以正乱治决成败，难为者。故先王乃用蓍龟者，以自决也。

译文

圣人之所以能成就大业，手段大致有五种：有的用正面的道德感化，有的用暗地里的手段来对付，有的做出诚信的姿态与对方结成真诚的联盟以借用对方力量，有的用蒙蔽手段迷惑对方，有的却用一般化的手段按平常程式解决问题。使用“阳德”手段时要前后如一，要讲信誉；使用“阴贼”手段时却要真真假假，令人摸不着真意。平常手段再加上关键时刻运用的“信诚”“蔽匿”手段和阴、阳两手，这四种手段暗地里交互运用，一般问题都可以解决。解决问题时，要参验历史，参验将来，参验现今，若可实施，就做出决断。王公大人的事情，虽然有危险因素，但我们可以用来博取美名的，若可实施，就做出决断。不用耗费大的气力、精力就容易获得成功的，若可实施，就做出决断。用精力、气力太大，需要做出艰苦努力，但又非做不行的，若可实施，就做出决断。能除去祸患的，若可实施，就做出决断。追求幸福可行就做出决断。所以，决情定疑，是一切问题的解决起点，用它可以来整顿朝纲，治理百姓，可以来决定成败、断定疑难。所以，自古王侯们就用蓍草筮和龟甲占卜来指导自己决疑断难，若可实施，就做出决断。

智慧总结

“决”就是做决定、下决断，所以本篇讲述的是关于决策事物的原则、方法以及决策的意义等问题。古语有云：“当断不断，反受其乱。”文中也强调了“决”的重要性，认为善于判断情况，做出决断是万事成败的关键。

文中首先说到决的前提条件——获得实情。只有在知晓游说对象实情的条件下，才能做出正确的决策。否则，就会因困惑而不能制定出有益于自己的决策，不但自己的建议得不到对方的采纳，还会导致关系的疏远，甚至给自己带来祸害。决策过程的一个重要原则就是趋利避害，如想让别人采纳自己的建议，就得从对方的立场出发。在探知实情后，做出使对方觉得有利可图的决策，才易于被对方采纳。

决策前目标的选择十分重要，最佳的选择便是名利双收的目标；或者是选择有把握的，使决策的事物能够上下紧密联系；或者选择当务之急需要解决且棘手的问题；或者是选择轻而易举便能解决的；或者是选择对自己利益最大的，等等。但所有的选择都需建立在实事求是的基础上，而且还要充分发挥主观能动性，只有两者结合才能完成目标。

文中还说到圣人成功的五种决策方式：“有以阳德之者，有以阴贼之者，有以信诚之者，有以蔽匿之者，有以平素之者。”“阳德”重在肯定、鼓励对方，以德泽服人；“阴贼”重在暗地里阴谋诡计的使用；“信诚”重在与对方坦诚相交，真心相待；“蔽匿”重在以仁爱包容他人的弱点与错误，从而调动对方的积极性；“平素”重在遵循常理的规范性决策。从总体上分析，这五种方法就是指所做的决策是光明正大还是阴谋诡计，而且两者还可相互转化，需要在运用时灵活把握，所以说这五种解决问题的方法具有很强的现实指导意义。

善其用福，恶其有患

善其用福，恶其有患。善至于诱也，终无惑，偏有利焉。去其利，则不受也，奇之所托。若有利于善者，隐托于恶，则不受矣，致疏远。故其有使失利者，其有使离害者，此事之失。

平原君舍财救赵

秦军攻打赵国，平原君去楚国求援，虽然楚王答应了出兵救援，但援兵迟迟未到。邯郸的形势迫在眉睫。秦军的攻势日甚一日，步步紧逼，赵国军民奋力抵抗，终因寡不敌众，不得不收缩防线。邯郸城外尸横遍野，赵军战死者不计其数，负伤者得不到及时治疗。百姓倾家荡产，涕泣哀告，全城笼罩在一片哀伤、忧郁的气氛中。久战不决，对赵国十分不利。在内乏粮草、外援未到的情况下，不出几日，赵国就得投降。国人忧心如焚，可又无计可施。

危险之际，门客李谈对平原君说："赵国也是公子之国，赵国将亡，公子不为之忧虑吗？"

平原君说："赵亡，我也不能独存，就要做秦人的俘虏了，我怎么能不忧虑呢？我曾前往楚国搬救兵，可至今援兵未到，我正为此忧心忡忡呢！"

李谈说："现在邯郸的百姓，易子而食，濒临绝境；而公子的后宫累金积银，嫔妃、婢妾衣食有余。前线将士刀剑用钝，削木为矛；而公子府库里钟磬如山，秋毫无损。如果邯郸失守，公子还能拥有这些东西吗？而如果邯郸解围，赵国保全，公子还担心得不到这些东西吗？现在公子若能把家人编入士卒，与百姓共同抗敌，把家中财物拿出来供应血战将士，前线将士会大受鼓舞，必誓死保卫邯郸，与敌军血战到底，公子认为这样如何？"

平原君本是慷慨之人，当即对李谈说："先生所言极是！为救邯郸，我愿尽遣家人为军，尽散家财助战。"

平原君听从李谈的建议，很快组织起 3000 人的敢死队，李谈也在其中。这支由男女老少组成的队伍，在与秦军作战时，不怕牺牲，奋勇拼杀，大乱秦军，使秦军不得不后退 30 里。秦军后撤，为赵国赢得了喘息的机会。

平原君又数次写信请求魏国援助。魏国公子信陵君率 8 万精兵侧击秦军。楚国公子春申君也派大将景阳领兵杀到。赵、魏、楚三国联军内外夹击，秦军大败。秦将郑安平被围困数日，最后带 2 万人投降赵国。秦国统一天下的进程由此而减慢。

邯郸解围，赵王封赏将士。由于平原君功勋卓著，策士虞卿为平原君向赵王请赏。他面见赵王说："公子平原君于国难之际，不辱使命，搬来楚、魏援兵，解邯郸之围；又编家人入伍，散私财助战，击退秦军进攻。其心耿耿，其功无量，大王不可用其力而忘其功，请大王为赵公子加封。"

赵王听从虞卿之言，打算封平原君为相，赐给东武城。

平原君的门客公孙龙听说此事，对平原君说："舍下听说赵王要赐封公子，舍下以为公子不宜受封。"

平原君说："愿听先生细说。"

公孙龙说："在保卫邯郸的战役中，赵国将士伤亡惨重，连一些王公大臣都参加了战斗。公子为赵王出使楚、魏，不辱使命，当然功不可没。但论功行赏，许多人都应当受到封赏，论才能也有像公子这样智勇双全的人。而赵王封公子为相，赐封公子土地，外人则会认为您是沾了王室的光。您若受封，必然损害您在赵国人心中的形象。您不受封，其他人也不好请求加封。这对大战后赵国的复兴有利。所以我认为公子还是不受封为好。”

平原君高兴地说：“先生说得极有道理，就依你之言吧。”

平原君辞功谢赏的仁义之举赢得了国人的尊重，从而使自己的威望得到了进一步的提高。

评析

“善其用福，恶其有患”可以看作替人出谋划策的评定标准，因为每个人都是趋利避害的，平原君也不例外。他之所以采纳了李谈的建议，就是看到了赵国被灭自己也不能独活，如果舍财救赵成功，自己就可以获得更多的好处，所以才接受了李谈的建议。保卫邯郸成功后，平原君又依公孙龙之言拒绝受封，那是为了更长远的利益，暂时的放弃也使自己赢得了国人的尊重。

富弼利而诱之降众匪

宋仁宗当政时期，朝廷腐败，官员贪婪，群盗并起，百姓苦不堪言，大臣富弼请求宋仁宗惩治匪徒。

宋仁宗叹息道：“各地盗匪多如蚁群，一时蜂拥而至，我哪有这么多的财力、兵力来对付他们呢？”

富弼说道：“难道就任他们在各个州郡横行霸道、涂炭生灵吗？百姓本来就难以生存，现在又遭此厄运，天理何在啊？皇上您尊贵，岂能任他们胡作非为？应该替天行道啊！”

宋仁宗满脸愁容地对富弼说：“我的臣民受苦，我怎么能不心痛呢！你有什么好的计策，不妨告诉我，替我分担忧愁啊！”

富弼想了想回答道：

“世间的凶恶险诈之徒，并不是天生如此。起初他们也寒窗苦读，胸中有一番抱负。他们期待参加科举考试，大展宏图。怎奈长大后却发现自己并未学业有成，最后名落孙山，仕途之路原来是南柯一梦！于是他们开始眼中厌世，胸中嫉俗，郁郁不得志，彻底毁了自己。这种人往往学富五车，经史子集兵书无所不通，无所不融。他们略微知道一些朝代兴亡的缘由，于是便转而习武，潜心钻研兵法，由此寻找出路。于是他们结党成群，煽动民众，扯起大旗，占山为王，行事狡诈。这些人虽然成不了什么气候，但给朝廷带来了危害。”

宋仁宗皇帝见富弼分析得非常有道理，便试探地问道：

“你既然分析得如此透彻，一定有平定他们的好办法吧？”

富弼摇头道：

“对待这样逆天而行的人，不能强行消灭他们，只能采取亲和的办法。”

“什么是亲和的办法？”

“所谓以柔克刚。水乃天下之至柔，看似无力，却可以冲刷万物，遇山绕山，逢石避石，而山石都作为它的陪衬存在。所以，臣请求皇上命令相关官员以朝廷的名义拜访这些人，把他们当作被朝廷遗忘的草泽英雄，重新推荐给朝廷。然后根据这些人的能力，适当地给予官职任用。”

宋仁宗半信半疑道：

“他们肯为朝廷效力吗？”

富弼笑道：

“他们之所以落草为寇，还不是为了让自己有权有势！既然给他们封官，哪有不效力的道理？”

于是宋仁宗依照富弼的办法通令全国。

不久，朝廷里发出了数千份招降的书信。不到半年，盗寇竟消失了大半。

评析

“善至于诱也，终无惑。”人人都喜欢做对自己有利的事，更何况是匪徒呢。由此可知，只要朝政腐败，吏路不畅，有才能的人无用武之地，他们只得聚众生事，另谋出路。这些人多半是为了自己的私利，并没有什么报国爱民的理想，只要有当官发财的机会，他们就会放下“替天行道”的大旗。富弼建议采用招安的方法，以利诱之，可谓对症下药。

有以阳德之者，有以阴贼之者

圣人所以能成其事者有五：有以阳德之者，有以阴贼之者，有以信诚之者，有以蔽匿之者，有以平素之者。

夏启修身习德赢民心

原始社会末期，夏启率先破坏禅让制，通过父亲的权威夺得帝位，子继父业，天下共愤。其中有一个部族首领叫有扈氏，他首先站出来指责夏启不应当抢夺伯益的王位，并要求夏启把王位立即还给伯益。

夏启不肯，有扈氏一怒之下征讨夏启，双方在甘泽举行决战。决战之后，夏启的军队被有扈氏打得七零八落，几乎全军覆没。

夏启的下属大臣建议赶快补充人员，重整军队，准备第二次战斗。可是夏启没有这样做，他知道很多人不赞成父死子继的规矩，所以才不肯拥护他。在这种情况下，肯定没有人来参加他的军队，打败对手简直是妄想。要想取得胜利，首先必须把人心拉向自己这一边，让人们知道他是一个贤能的人，由他来继承王位是符合实际的。

于是夏启严格要求自己，以博得人们对他的信任。吃饭时他只吃一碗清淡的蔬菜，睡觉只铺一张又薄又粗糙的旧褥子，除了祭神和祭祖以外，他从不演奏音乐作为娱乐。他还爱护孩子，尊敬老人，并且提拔贤能：谁有本领，就请来加以重用；谁懂得武艺，就请来让他带兵打仗。

夏启这样坚持了几年，产生了巨大的效果，他的声誉大大提高了。人们常常说："夏启真不愧是夏禹的好儿子！你看他要求自己多么严格，对待别人又多么热情、有礼貌。天下就应当交给他这样的人来治理！以后要是有谁再来和他争王位，我们应当全力保护他才对。"

人们互相传颂着夏启的好处和优点，于是都不约而同地认为夏启是夏禹的唯一继承人，对于父死子继的制度，再没有人觉得不合理了。

夏启看到人心已经倒向他这一边，又发动了对有扈氏的战争。这一次，有了人们的大力帮助和支持，他的实力大大增强。最后，夏启终于大败有扈氏。有扈氏本人做了俘虏，被放逐到草原地区。夏启成功地解除了有扈氏对自己的威胁，他的地位也得到了最终的确认和巩固。

评析

以德服人，以德治国，是帝王成其事的上上策，与其他策略相比，德行能够使事业保持得更为长远持久。正所谓"得人心者得天下，失人心者失天下"。夏启在这里的智慧主要表现在两个方面：一是有自知之明。他知道人心得失是战争胜负的关键，自己暂时不得人心。二是从长计议。为得天下人心，他没有自吹自擂，而是严格要求自己，从实际做起，并最终取得了胜利。

管仲巧出奇计弱楚国

春秋战国时期，齐国的宰相管仲深谋远虑，富有远见。在他的辅佐下，齐桓公获得了军事上的巨大胜利，陆续消灭了散布在各个地方的割据势力，只有强硬的楚国还没有臣服。

连战皆捷的几位大将建议齐桓公："您为什么不一鼓作气，出兵讨伐楚国，一统江山呢？我们随时为您效劳！"

这番话说到了齐桓公的心上。他看着手下将领主动请战，心中甚是欢喜，于是决定出兵。管仲得知齐王出兵，马上前去阻止，劝道："现在不是攻打楚国的好时机，大王千万不要草率行事！"

“为什么？你没有看到现在士气大振吗？而且我国粮草充足，我实在找不出时机不成熟的理由！”齐桓公有些不解。

“我们连续征战数次，兵马早已疲惫不堪。再说楚国和其他诸侯国不一样，它实力雄厚，国力强盛，现在进攻实在很危险！”

“那我们就眼看楚国继续强盛下去吗？难道等着它把我消灭了不成！”齐桓公急了。

管仲笑着说：“我自有办法，而且保证您一年之内不动一刀一枪，不伤一兵一卒，就让他降服！”

齐桓公半信半疑，但看着管仲胸有成竹的样子，就放手让他实施既定的计划。于是管仲命人铸造不计其数的铜币，然后派100名商人去楚国买鹿，临走时嘱咐他们说：“齐桓公特别喜欢观赏鹿，愿以重金购买活鹿。”

商人们到了楚国后，四处悬赏购买活鹿。梅花鹿在楚国很普遍，不值钱，两枚铜币就能买到一头，人们大都把它们宰杀了吃肉。楚国人一听有人重金购买活鹿，于是纷纷到山上捕获。随着猎鹿人的增多，鹿越来越少，而鹿的价格也一涨再涨，从开始的5枚铜币涨到10枚铜币。几个月之后，商人又抬高了价格，变成40枚铜币一头。在当时，40枚铜币可不是小数目，能买2000斤粮食。楚国上下见有利可图，都放弃自己的行业职责去寻找野鹿。农民变成了猎人，战士也不顾纪律，纷纷上山捕鹿。

不知不觉，一年就快到了。管仲对齐桓公说：“您现在可以召集人马，出兵楚国了。现在楚国只有数之不尽的铜币！农民因为猎鹿荒废了田地，没有充足的粮草供应；士兵因为猎鹿无心操练，丧失了作战的技巧和能力。成熟的时机已经到了！”

齐桓公听从管仲的意见，放出发兵的消息。楚王见粮源断缺，人民因为饥荒四处逃亡，士兵也都无心恋战，如果自己勉强打下去，只有死路一条。他连忙派使臣向齐桓公求和，心甘情愿地归顺了齐国。

评析

齐桓公在成其霸业的过程中，征服楚国的方式就是利用了“阴贼术”。

他采用管仲的计谋，以“买鹿之谋”让楚国在不知不觉中受到削弱。楚国人多势众，楚王绝不会料到一年后，竟没有人愿意种粮，使曾经号称铁甲雄狮的军队变成了病猫。

秦穆公代人受过收人心

周襄王二十五年（公元前627年），秦穆公趁晋文公病逝、晋国上下无暇他顾之机，派孟明视、西乞术、白乙丙三人出兵伐晋，结果在崤山遭到伏击，全军覆没，三将均被生擒。晋襄公的嫡母文嬴是秦穆公的同宗之女，后来她为之说情，三人才幸免一死，逃回秦国。

孟明视等三人逃回国内的消息一传出，立即有人向秦穆公进谏：“孟明视、西乞术和白乙丙身为秦将，作战不利，丧师辱国，应立即杀掉以平民愤。”

还有的大臣说：“他们三人统率秦国子弟出关，只有他们三人生还，其余全部抛尸崤山，实在可恶。理应斩杀以慰国人。”

更有人说：“当年城濮之战，楚军战败，楚国国君杀元帅以儆三军，您也应当效法此举。”

一时间大臣议论纷纷，众口一词，要求秦穆公杀掉三人。

秦穆公听了，对大家说：“这次出兵，是因为我不听蹇叔、百里奚的劝告，才导致了失败。所有后果都由我一个人引起，所有责任都应由我一人承担，同其他人毫无关系。”

众大臣听后都瞠目结舌，说不出话来，不知道他心中到底是什么意思。

秦穆公深深知道，孟明视三人是秦国不可多得的勇将。秦、晋争霸中原的战争才刚刚开始，自己正在用人之际，杀掉三人，肯定有百害而无一利。况且晋襄公放回三将，显然是想借刀杀人，既可以除掉仇人，又可以获得秦国的好感。胜败乃兵家常事，凭三人的本领，将来总有一天能打败晋国，洗雪耻辱。

于是，秦穆公不顾群臣的反对，身穿白衣，到郊外迎接孟明视、西乞术和白乙丙。一见面就哭着向他们表示安慰，并对死去的将士表示悼念。孟明视三人非常感激，发誓要忠心效命秦穆公。

不久，秦穆公又任命孟明视、西乞术和白乙丙三人为将，统率军队。三人都感激国君宽宏大量，纷纷竭尽所能，辅佐秦穆公整顿军备，加强军队的训练。

经过一段时间的精心准备，三人后来再次攻打晋国，大败晋军。不仅报了被俘之仇，而且使秦穆公成了中原霸主。

评析

秦穆公在此以“信诚术”使孟明视三人深受感动，他代将受过，取人以信，示人以诚，表现出明智之举。其高明之处有三：一是勇于承担责任，不诿过于人；二是能分清形势，不随便错过有用之人；三是用笼络人才的最高手段，以自己无人敢降之罪来换取三人的罪行，既保全了自己，又获得了将心，并最终成就霸业。

孟昶深藏不露杀逆臣

五代时期，后蜀国国君孟昶于公元 934 年即位。他在危机四伏、烽烟迭起的混乱年代里做了 30 多年的“偏安之王”，实属不易。

孟昶即位时才 16 岁，将相大臣都是老臣旧将。这些人自恃资历深厚，并不把这个年幼的皇帝放在眼里。他们骄恣放肆，为所欲为，公然逾越国家制定的法律，建造豪华房舍，规模巨大，靡费钱财，引起了人们的不满。其中以李仁罕、李肇、张业、赵廷隐最为过分。

孟昶刚继帝位，大将李仁罕便提出要主管六军的要求，他的言辞充满了威胁。他不但派人到枢密院提出明确的要求，还到学士院让人按照他的要求起草命令，根本就不通过孟昶。这不仅是目无幼主，而且是犯上作乱。

这一咄咄逼人的举动深深地刺激了孟昶，他知道这样下去的后果是什么。他当然不愿意就此受到别人的摆布，可是他怕张扬出去会引起叛乱，无法控制局面。

于是，他隐忍不发，请李仁罕吃饭，表面上接受了他的条件，任命李仁罕为中书令，主管六军。然后，等李仁罕进宫朝见时，孟昶命令武士将他捉住，当场处死。

李仁罕一死，曾假称有病、不行跪礼的侍中李肇才知道新君的厉害。他吓得魂不附体，当再次见孟昶时，立刻扔掉拐杖跪了下去。孟昶因为他过去对自己十分倨傲，勒令他退官隐居，李肇便由此徙居邛州（今四川省邛崃市）。

李仁罕的外甥张业在李仁罕被杀时，正执掌禁军。禁军的军队虽然不多，但直接掌管皇帝宫廷的守卫，如果他以替舅报仇为名而造反，那后果将不堪设想。所以，孟昶怕他反叛，当时不敢动手处置他，而是千方百计加以笼络。他甚至把这个武夫任用为宰相，又兼判度支。

张业在家里私设监狱，关押欠债的人。他滥施酷刑，制定了一种“盗税法”，规定税官吞没赋税的，照吞没的数目十倍罚款。税官受了罚，无处筹钱，自然如数从百姓身上勒索。这种酷苛的税法使得百姓难以承受，怨声载道。身为一国之君的孟昶闻知后，当即废除此法。

到了后蜀广政十一年（公元 948 年），孟昶觉得自己已经积聚了一定的势力，认为诛杀奸臣的时机已到，就与禁军将领官思廉密谋，用诛灭李仁罕的办法，把张业在都堂上捉住处死。

卫圣都指挥使兼中书令赵廷隐见势不妙，急忙告老还乡。至此，故将旧臣基本上被除尽，剩下的也都不敢藐视这位新主，孟昶这才真正掌握了蜀国的大权。

居皇位达 30 年之久，虽奢侈无度，但必有他可取之处。孟昶新主立于朝堂，旧臣自然不服，要想除掉他们，就得“擒贼先擒王”；惩治了当头鸟，自然就树倒猢狲散了。

他杀李仁罕，导致李肇扔拐跪拜；又诛张业，令赵廷隐趁势而退，这都是大智谋。时机不到，他便隐忍不发。时机成熟，他定要拍案而起。

评析

孟昶在稳固自己政权的过程中运用的多是“蔽匿术”。先以请李仁罕吃饭将其铲除，对其他大臣起到了一定的震慑作用。后来又对张业进行笼络，当时机成熟时，再故技重施，在都堂上将其处死。所有的这一切，都施展得滴水不漏，让人防不胜防，这也正是“蔽匿术”的独到之处。

春申君陈说利弊救楚国

春申君，姓黄名歇，楚国人。他自幼饱读诗书，四处游历，见多识广，能言善辩，门下收养宾客上千人。楚顷襄王时，春申君便在朝中做官。因其才智过人，楚王很赏识他，常派他出使各国。

楚怀王时，秦昭王派特使召楚怀王来武关相会。秦昭王却使人假扮自己，将楚怀王绑架到秦国做了人质，以要挟楚割地。楚怀王不从，最后死在秦国。楚怀王死，楚顷襄王即立。秦国趁楚王新立，拉拢韩、魏，大举进攻楚国。秦将白起率精锐之师，以少胜多，连战连捷，一举攻克鄢、郢、夷陵等数十座城池。楚顷襄王只好迁都于陈县。

秦国趁楚都立足未稳，加紧了对楚国的进攻，想一举歼灭楚国。楚顷襄王害怕，立即派春申君出使秦国，议和求安。

春申君赶到秦国后，立即求见秦昭王，遭到拒绝。春申君见秦昭王不理，便给秦昭王写了一封信。信中说：“纵观天下，秦国最强，其次是楚。秦、楚开战，如两虎相斗，得利的将是驽犬笨鸡。虽说现在秦国占了上风，攻打楚国能得到一点好处，但楚国毕竟是拥有沃野千里、雄兵百万的泱泱大国。再战下去，秦军疲惫，孤立难支，且战线过长，后援难继，即使取胜，也难以持久。俗话说：‘秋去冬来，物极必反。’今日秦国已占有半个天下，其势力之强、疆域之广，自开天辟地以来，世所罕见，大王之雄风可谓至盛之极！以臣之见，大王若适时停止攻伐，厚施仁义之道，则天下崇拜，万民敬仰，而省去后顾之忧，三王、五伯也不足与大王相比。若大王自恃兵强势众，以武力征服诸侯，恐怕后患将至。万事万物无不有始，但难有善终。小狐狸不能过大河，游到河心，就会乏力而沉。大王大力攻楚，是因为有韩、魏协从。事实上，韩、魏最不可信，说不定会联合楚国从背后突袭秦军。那样的话，秦军就有全军覆灭的危险了。大王可曾记得当年智伯联合韩、魏伐赵，就在智伯胜利在望的时候，韩、魏却反戈一击，灭了智伯。还有，吴王轻信越人，空国伐齐，却被越夺国杀头。这些前车之鉴，可为后事之师。秦亲韩、魏，韩、魏未必亲秦。韩、魏屡受秦军攻伐，世代战死者不计其数，岂能不生怨恨？别看表面上顺服大王，骨子里巴不得秦、楚开战，以便收复失地，坐收渔利。因此，以臣之见，韩、魏才是大王的隐患。秦国应与楚国修好亲善，合力对付韩、魏。秦、楚和善，韩、魏必竭力事秦。赵国慑于大王威势，又岂能不服？那时，大王挟五国之兵，号令诸侯，谁敢不从？四海之内，莫非王土，万国之民，莫非王臣。大王的霸业不就大功告成了吗？”

秦昭王看罢春申君的书信，甚为叹服，召见了春申君，并下令撤回军队，停止攻楚，与楚国签订了合约。秦、楚关系得到缓和。

秦、楚签约，春申君回国，楚王大喜。按和约规定，楚国须派太子入秦做人质，以防楚国毁约变卦。楚太子在秦国期间，先与魏冉交接，后与范雎友善，秦、楚两国保持着和睦友好的关系。

评析

此处运用的是“平素术”的游说方法。春申君在此以书信陈说利弊说服秦王，可以看出其中的言辞都是平实的话语，没有任何的修饰与虚假。而且句句都是站在秦王的立场之上，从而使其认识到攻打楚国给秦国带来的不利后果，才下了决定撤回军队，与楚国签订了合约。

第十二篇　符言术

原文

安徐正静，其被节无不肉。善与而不静，虚心平意，以待倾损。有主位。

目贵明，耳贵聪，心贵智。以天下之目视者，则无不见；以天下之耳听者，则无不闻；以天下之心虑者，则无不知。辐辏并进，则明不可塞。有主明。

听之术，勿坚而拒之。许之则防守，拒之则闭塞。高山仰之可极，深渊度之可测。神明之听术，正静其莫之极欤！有主听。

译文

假如一个人能安详、从容、正直、沉静的话，那么他的人格自然能达到应有的节度，为人处世就可以左右逢源，游刃有余。要善于与人交际而不沉静无为，态度谦虚、心平气和，以预防倾覆和损害。以上所说的就是君王要安于本位的道理。

眼睛贵在明亮，耳朵贵在灵敏，心灵贵在有智慧。身为人君，若能以天下人的眼睛去看，就没有看不到的东西；若能以天下人的耳朵去听，就没有听不到的声音；若能以天下人的心灵去思考，就没有无法知晓的事情。假如真的能做到以上几点，天下万民就可以像车轮的辐条都集向车毂一样归心于君主，君王的视听也会如日月照临，不会被阻塞和蒙蔽。以上所说的是君王明察秋毫、了解民生疾苦的道理。

采纳别人进言的方法是：不要固执己见而排拒对方。采纳进言，民众就会拥护和捍卫君王；拒绝进言，君王就会闭目塞听。山峰虽高耸在上，抬头仰望就可以看到其最高的顶点；深渊虽深不可测，但经过测量仍然可以知其深度。神明的君王，其听言之术正直沉静，高深玄妙，是深不可测的。以上所说的就是君王采纳进言、端正视听的道理。

原文

用赏贵信，用刑贵正。赏赐贵信，必验耳目之所见闻。其所不见闻者，莫不暗化矣。诚畅于天下神明，而况奸者干君？有主赏。

一曰天之，二曰地之，三曰人之。四方、上下、左右、前后，荧惑之处安在？有主问。

心为九窍之治，君为五官之长。为善者，君与之赏，为非者，君与之罚。君因其政之所以求，因与之，则不劳。圣人用之，故能掌之。因之循理，固能长久。有主因。

译文

君王对臣民施行奖赏，最重要的是坚守信用；施行刑罚，最重要的是要公正无私。奖赏和赐予贵在坚守信用，就必须以耳目所闻见的实际情况加以验证，即使没有经过耳闻目睹的情况，也会自然而然地在潜移默化中被民众所认可和接受。如果真的能够做到奖赏守信，刑罚公正，从而使君王的德行畅行于天下，再加上神明护佑，那么奸邪之人加害君王的企图，怎么会得逞呢？以上所说的就是君王赏必守信的道理。

一是上知天时，二是下知地利，三是通晓人和。如此一来，四方、上下、左右、前后，各种因素都通晓明白，那么象征吉凶祸福的荧惑之星又能存于何处呢？以上所说的就是君王不耻下问，掌握天时、地利、人和的道理。

心是九窍运行的主宰者，君王则是五官的领导者。做善事的臣民，君王就会予以奖赏；作恶的臣民，君王就会予以惩罚。君王根据百官行政的具体情况，仔细斟酌给予赏赐或处罚，既不会大费心力，更免劳民伤财之怨。圣人运用这种方法，所以能够掌握他们。这样因势利导、遵循事理，国运才能昌盛持久。以上所说的就是君王因循事理、统御臣民的道理。

原文

人主不可不周。人主不周，则群臣生乱。家于其无常也，内外不通，安知所开？开闭不善，不见原也。有主周。

一曰长目，二曰飞耳，三曰树明。千里之外，隐微之中，是谓洞。天下奸，莫不暗变更。有主恭。

循名而为，实安而完；名实相生，反相为情。故曰：名当则生于实，实生于理，理生于名实之德，德生于和，和生于当。有主名。

译文

身为君王，必须考虑得缜密周详，涉猎世间一切的道理，如果做不到缜密周详，通晓天下人情世事，那么群臣就会发生动乱。如果国家动乱不断，群臣执掌无常，那么君臣上下之间就无法沟通，怎么知道天下万事的开启闭藏、兴衰演变呢？若不善于运用开启闭藏之术，就无法洞察事物的本原。以上所说的就是君王必须通晓天下事、思考缜密周详的道理。

身为君王，首先要做到长目，即用天下人的眼睛去看万事；其次要飞耳，即用天下人的耳朵去听声音；再次要树明，即用天下人的心灵去思索、洞察万象。若在千里之外的地方，隐藏于渺茫的细微之中，就叫作“洞”。世间的奸邪之徒，没有不暗中弃恶从善、更改前非的。这里所说的就是君王应耳聪、目明、心智的道理。

君王若遵循名分去行事，按照事实来采取行动，一切就会安然无恙。当名实相互助长之后，反过来就会合乎情理而存在。所以说，名分恰当就是诞生于实践之中，而实践又是诞生于事理之上，而事理又诞生于名副其实的道德之中，道德是诞生于平和之中，平和诞生于万事相宜之中。以上所说的是君主必须采取恰如其分、循名求实的道理。

智慧总结

“符”原意是古代朝廷传达命令、调兵遣将时所用的信物，上面刻有与使用相关的文字。“符言”在此引申为君主所下达的格言，所以本篇着重讲述的是为君王设计的一套御国治民的策略。如何治理天下、统领百官，以及如何具备一国之君所应有的素质，都在文中得以体现。

本篇讲述了君王理应做到的九个方面：主位、主明、主听、主赏、主问、主因、主周、主恭、主名。“主位术”是说君主要有从容宁静的心态和成竹在胸的王者风范；“主明术”是说君主如何让自己的臣子为自己出谋划策，以使自己明察秋毫，为天下民众谋福利；“主听术”是说君主应如何听取、采纳别人的意见，其正确的做法应该是广开言路、博采众议；“主赏术”是说君主如何运用好赏罚的手段，其基本要求是公正无私、赏罚分明；“主问术”是说君主如何全面客观地了解各方面情况，这要求君主要有勤奋好学、不耻下问的精神；“主因术”是说君主如何管理好臣子，做到赏罚分明，其行事要因势利导、遵循事理；“主周术”是说君主如何做好君臣之间的沟通、行事周密，以使言路畅通，行事正常运转；“主恭术”是说君主如何洞察万象、辨别真伪，以使自己亲贤臣、远小人，其要求是要做到耳聪、目明、心灵；“主名术”是说君主如何采用恰当的方法使自己的“名”与“实”完美结合起来，两者的关系就是循名求实、因实定名。

本篇所讲的君主理应掌握的为政之道，不但没有涉及儒学的君臣平等之说，而且没有法家所提到的君臣如虎狼的利害关系，而是注重如何使用计谋驾驭臣民，以维护自己的统治，这就是本篇的奇特之处。

目贵明，耳贵聪，心贵智

目贵明，耳贵聪，心贵智。以天下之目视者，则无不见；以天下之耳听者，则无不闻；以天下之心虑者，则无不知。辐辏并进，则明不可塞。有主明。

汉昭帝善辨忠奸

汉武帝去世的时候，他所立的太子即后来的汉昭帝，年龄才 8 岁。汉武帝生前就不放心，于是把他托付给霍光、金日磾、上官桀、桑弘羊四位大臣，让四人辅佐汉昭帝。四人之中，霍光是大司马、大将军，掌握着朝廷军政大权，地位最高。

霍光为人正直，又忠心耿耿地辅佐汉昭帝，把国家大事处理得有条有理，因此，威望日益提升。但是霍光为人耿直，做事不讲情面，得罪了不少人，其中就有上官桀、桑弘羊、盖长公主等人。

当时燕王刘旦（汉昭帝的哥哥）因为自己没有做成皇帝，一心想废掉汉昭帝，但又畏惧霍光，于是他便和上官桀勾结起来，想设计除掉霍光。

于是，在汉昭帝 14 岁那年，上官桀趁朝廷让霍光休假的机会，伪造了一封刘旦的亲笔书信，又派人冒充刘旦的使者，把这封信送给了汉昭帝。

汉昭帝打开信一看，只见上面写道："霍光外出检阅御林军时，擅自使用皇上专用的仪仗。而且他经常不守法度，不经皇上批准，擅自向大将军府增调武官，这都有据可查。他简直是独断专行，根本不把皇上放在眼里！我担心他有阴谋，对皇上不利，因此我愿意辞去王位，到宫里保护皇上，以提防奸臣作乱。"

送完信后，上官桀等人做好了一切准备，只等汉昭帝发布命令，把霍光捉拿起来。谁知汉昭帝看完信后毫无动静。

第二天，霍光前去上朝，听说了这件事，就在偏殿中等候发落。

汉昭帝在朝堂上没有看见霍光，便问道："大将军在哪里？"

上官桀回答道："大将军因为被燕王告发，所以不敢进来。"

于是，汉昭帝派人请霍光上殿。霍光来到殿前，摘掉帽子，磕头请罪。

汉昭帝说："大将军只管戴上帽子。我知道那封信是假的，你没有罪。"

霍光既高兴又迷惑不解，问："皇上是怎么知道的啊？"

汉昭帝说："大将军检阅御林军只是最近几天的事情，增调武官校尉到现在也不过10天，燕王远在北方，他怎么知道得如此之快啊？如果将军要作乱，也不必依靠校尉。”

上官桀等人和文武百官听了都大吃一惊。

汉昭帝又说：“这件事只需问问送信人就可以弄明白！不过，我想他肯定早已逃跑了。”

左右下属连忙命人去找送信人，送信人果然逃跑了。

一计不成，上官桀等人又生一计，他们经常在汉昭帝面前说霍光的坏话。最后，汉昭帝大怒，对他们说：

“大将军是忠臣，先帝嘱托他辅佐我，以后谁再敢诬蔑大将军，我就治谁的罪！”

上官桀等人看到这个方法不行，就密谋让盖长公主出面请霍光喝酒，然后借机杀掉他，废掉汉昭帝，立燕王刘旦为帝。但他们的阴谋还没来得及施行，就被汉昭帝和霍光发觉，他们全部被杀。

评析

“主明术”说的就是君主只有耳聪、目明、心智，才能做到明察秋毫，而不至于被事物的外在假象蒙蔽了眼睛。霍光如果碰上一个昏庸的皇上，恐怕早已被斩首了。而汉昭帝从信中的时间准确地推算出燕王不可能知道近期发生的事，而且又令人去追查送信之人，他这样做的目的只是想给诬陷霍光的人一个威吓，上官桀果然吓得半死。更为可悲的是，上官桀等人仍不死心，意图谋反，最终落得身首异处的下场。

雍正帝杀一儆百

康熙和乾隆掌政时期，国家呈现出太平盛世的局面。康熙时期的繁荣得益于康熙治理天下有方，然而康熙晚期，国家却一直走下坡路。一方面是康熙晚年多病，不能勤政；另一方面是确立皇储的问题搅得朝中一片混乱。因此，在康熙晚年，朝中官员渐渐疏于政治，因循敷衍、懒散拖沓、贪污行贿，把官场弄得乌烟瘴气，一直蔓延到雍正初年。

雍正登基后，决心全面整顿，改变朝廷大臣玩忽职守的态度和消极懒散的作风。他清楚这种作风已经有很长时间了，彻底废掉不是轻而易举的事情。但如果对他们仅仅宣传一些大道理，恐怕收不到较好的效果。

雍正想来想去，觉得不如来个杀鸡给猴看，说不定能产生大的影响，震住其他大臣。但是，到哪儿去找这只“鸡”呢？不久，雍正就找到了突破口。

一天，雍正让手下趁别人不注意时，把刑部大门上的匾额拿回来，藏在屏风后面。雍正耐心地等待，看看刑部有什么反应。

一天过去了，刑部没有什么异常。

两天过去了，刑部依然像什么事都没有发生一样。

第七天，雍正再也沉不住气了。他命令召见刑部主管官员。一见面，他突然问：

“你们主管衙门外的大匾额还在吗？”

官员不知雍正有何用意，毕恭毕敬地回答说：“在！”

可是当他们抬头看皇上时，只见雍正脸色阴沉，不知自己说错了什么，慌忙补充说：“应该在吧！”说罢，便不敢言语。

雍正向近旁的侍从招招手，两个内侍便把刑部大门外的匾额从屏风后抬出来。刑部主管官员一看，吓得直哆嗦，一时不明白究竟怎么回事。

雍正指着放在大殿中央的匾，厉声说道：

“这块匾额已经放在这里七天了，可你们却没有任何人发现！这么大的缺陷你们居然都没有注意到，不知你们平日会疏忽多少事务！堂堂一部之首尚且玩忽职守到如此地步，又怎么能以身作则、教导下面的人勤于公务呢？”

雍正大发脾气，刑部主管吓得双腿发软，连连叩头，俯首请罪。他在皇上面前立下誓言，决心痛改前非，整顿吏治，提高效率。

雍正对其他部门什么都没说，但自从这件事传开后，朝廷六部拖拖拉拉的办事作风很快就有了起色。

评析

面对因循敷衍、懒散拖沓、贪污行贿等劣行，雍正帝心知肚明，一时难以解决，于是便想到了杀鸡给猴看的招数。这也是历来古代官吏乐此不疲的行事策略。为什么呢？因为与各个击破相比，杀一儆百的影响更为深远，而且要省时省力得多。可见，雍正帝的高明之处贵在其心智。

第十三篇　转丸术（佚失）

第十四篇　脚箧术（佚失）

《鬼谷子》下卷

本经阴符七术

原文

盛神法五龙。盛神中有五气，神为之长，心为之舍，德为之人。养神之所，归诸道。道者，天地之始，一其纪也，物之所造，天之所生，包宏无形化气，先天地而成，莫见其形，莫知其名，谓之神灵。故道者，神明之源，一其化端，是以德养五气，心能得一，乃有其术。术者，心气之道所由舍者，神乃为之使。九窍、十二舍者，气之门户，心之总摄也。生受之天，谓之真人。真人者，与天为一。而知之者，内修炼而知之，谓之圣人。圣人者，以类知之。故人与生一，出于化物。知类在窍，有所疑惑，通于心术。术必有不通。其通也，五气得养，务在舍神，此之谓化。化有五气者，志也，思也，神也，心也，德也，神其一长也。静和者，养气，养气得其和。四者不衰，四边威势，无不为，存而舍之，是谓神化归于身，谓之真人。真人者，同天而合道，执一而养产万类，怀天心，施德养，无为以包志虑、思意，而行威势者也。士者，通达之，神盛乃能养志。

译文

如果使人的意志和精神旺盛，便要效法五行中的龙仙。旺盛的精神中包含着神、魂、魄、精、志五气。其中神气是居于首位的，心灵是五气所住的地方，德是为人的根本。养神的途径，归于道。所谓道，就是天地万物的初始，一是道的开端。万物的创造，天地的生成，都由道中衍生而来。其中包容无形化育万物之气。在天地生成之前就形成的这种气，无法知其形，无法道其名，于是称之为神灵。所以说道是神明的源泉，一是其变化的开端。因此，德能滋养五气，心能得到其纯一，而后便在自然中孕育了术。术是心气运行的通道和居住的地方，神气是心的使者，沟通内外。口、双鼻、双眼、双耳、二便等九窍，目、耳、鼻、舌、身、意、色、声、香、味、触、事等十二舍，是五脏之气出入的门户，都由心总管。道本由上天传授至人间，那些得道存养本性的就被称为真人。真人与天地融为一体。明白道术的人，是通过自身修炼而获知的，这就是圣人。圣人是通过类推悟道的。所以人生于天地间时的本性是一样的，只不过后来随事物、环境的变化而有了区别。人根据九窍知晓事物，如还有疑惑的，那是术不通的缘故。一旦相通了，五脏之气就会得以滋养，并努力使神气停留体内，这就是化育。化育五气，就是指神气、心气、志气、思气、德气中，神气是五气的根本。静和安静，就是养气，从而可使五气和顺。志、思、神、德四气不衰，四边形成的威势就无所不能，并把五气存于体内，能把道存养于本性自身的，就是真人。真人，与天同体，与道相合，执守"一"而养育万物，包容天道自然之心，布德滋养五气，以无为之法包育意志、思虑，而施行威盛之势。士人通达此道，神气强盛就能养育心志。

原文

养志法灵龟。养志者，心气之思不达也。有所欲，志存而思之。志者，欲之使也。欲多则心散，心散则志衰，志衰则思不达也。故心气一则欲不徨，欲不徨则志意不衰，志意不衰则思理达矣。理达则和通，和通则乱气不烦于胸中。故内以养志，外以知人，养志则心通矣，知人则职分明矣。将欲用之于人，必先知其养气志。知人气盛衰，而养其气志，察其所安，以知其所能。志不养则心气不固，心气不固则思虑不达，思虑不达则志意不实，志意不实则应对不猛，应对不猛则志失而心气虚，志失而心气虚则丧其神矣。神丧则仿佛，仿佛则参会不一。养志之始，务在安己；己安则志意实坚；志意实坚，则威势不分。神明常固守，乃能分之。

译文

培养心志要效法有灵性的龟。养志是由于心气不通达的缘故。人有了欲望，就要存于心中去思考。心志是会被欲望所驱使的。欲望多则心气散；心气散，志气就会衰弱；志气衰弱，思想就不能通达。所以心气专一，欲望就会减少；欲望减少，意志就不会消沉；意志不消沉，思想就会通达；思想通达，就会和顺畅通；和顺畅通，乱气就不会淤积胸中。所以自身要培养心志，对外要了解他人。养志就会心气畅通，知人就会职分明确。如想用来考察人，就应首先了解他的养志功夫，知道他五气的盛衰，而后才可培养其五气和心志，考察其安详程度，以了解他的才能。心志不培养，就不能得到巩固；心气不巩固，思虑就不通达；思虑不通达，意志就不坚实；意志不坚实，应对就不果断；应对不果断，就易丧失心志，心气就会虚弱；丧失心志，心气又虚弱，神气也会随之丧失；神气丧失，就会恍惚不精明；意志恍惚不精明，志、心、神三气交会就不纯一。养志的开始，务必安定自身；安定自身，才会意志坚定；意志坚定，威势就不散。神明就会经常存于心中，这样就可以分散对手的威胁。

原文

实意法螣蛇。实意者，气之虑也。心欲安静，虑欲深远。心安静则神明荣，虑深远则计谋成；神明荣则志不可乱，计谋成则功不可间。意虑定则心遂安，心遂安则其所行不错，神自得矣，得则凝。识气寄，奸邪得而倚之，诈谋得而惑之，言无由心矣。故信心术，守真一而不化，待人意虑之交会，听之候之也。计谋者，存亡之枢机。虑不会，则听不审矣，候之不得。计谋失矣，则意无所信，虚而无实。故计谋之虑，务在实意，实意必从心术始。无为而求安静五脏，和通六腑，精神魂魄固守不动，乃能内视、反听、定志，思之太虚，待神往来。以观天地开闭，知万物所造化，见阴阳之终始，原人事之政理，不出户而知天下，不窥牖而见天道，不见而命，不行而至，是谓道。知以通神明，应于无方而神宿矣。

译文

坚实意志，要效法传说中的神蛇。坚实意志，气就会变得平和，思虑就会详明。心气安静稳重，思虑就深远。心气安静，精神就会饱满而有生机；思虑深远，计谋就能被成功运用。精神饱满有生机，心志就不会紊乱；计谋成功，所建功绩就难以侵犯。意虑安定，心绪就会随之安定；心绪安定，行为就不会出现错乱，神气就会安详，事业就会成功。五气有所依附却不能集中，就会给奸邪之气以可乘之机，就易被诈谋迷惑，言语不会发自内心。所以要使心术诚实，紧守专一而不变化，这就要求待人接物要诚心诚意，倾心交流，善于纳言，而后才能获知详情、计谋。计谋是成败的关键。思虑不交流，就不会得到明确的情况，等待也是徒劳。计谋失败了，意志无所相信，就会变得虚而不实。所以计谋务必思虑周全，思考得当，但做到这些还得从心术专一开始。自然无为要求安静五脏、和通六腑，精气、神气、魂气、魄气固守不动，才不会使心气外散，以求内省自察，安神宁气。思绪进入虚幻之中，就等待神灵的往来。以此可以观察天地开闭，知晓万物的造化，发现阴阳运行的始终，推究人事治国的道理，不出门便可知天下，不开窗便知自然变化的规律，不用见就能发出命令，不用行就能达到目的，这就叫“道”。明白了“道”，心就可与神明相通，应和各方需要而神明永驻。

原文

分威法伏熊。分威者，神之覆也。故静固志意，神归其舍，则威覆盛矣。威覆盛，则内实坚；内实坚，则莫当；莫当，则能以分人之威，而动其势，如其天。以实取虚，以有取无，若以镒称铢。故动者必随，唱者必和。挠其一指，观其余次，动变见形，无能间者。审于唱和，以间见间，动变明而威可分。将欲动变，必先养志，伏意以视间。知其故实者，自养也。让己者，养人也。故神存兵亡，乃为之形势。

译文

如要分布威势，就应效仿蓄积待发的伏熊。分布威势，就是要使神气覆盖，也就是充沛和涵养自己的精神。所以应当使自己的思虑坚固安定，使神气凝聚于心，从而就可使威势更加强大。威势强大，心中的意志就会更坚实；内在意志坚实，就不可阻挡；不可阻挡，就能分散他人威力，震慑他人气势，如天覆盖四野一样。这样用实来取虚，用有来取无，就好比用镒来称铢。所以一举动就会有人跟随；一倡导就会有人应和。弯曲一指，观察其余，所有的运动和变化都能被发现，没有能够干扰的。仔细观察唱和的情况，以离间的办法发现间隙，这样行动就能明了，威势就可分布并壮大。如有动作，必先培养心志、隐藏意图，来观察对方的漏洞，寻找有利时机。懂得自我巩固充实意志的人，就能自我修炼。自己谦让，就可养他人之气。神气存养了，武力对抗就会得以化解，这就是自己的威势。

原文

散势法鸷鸟。散势者，神之使也。用之，必循间而动。威肃、内盛，推间而行之，则势散。夫散势者，心虚志溢。意衰威失，精神不专，其言外而多变。故观其志意为度数，乃以揣说图事，尽圆方，齐长短。无间则不散势，散势者，待间而动，动而势分矣。故善思间者，必内精五气，外视虚实，动而不失分散之实。动则随其志意，知其计谋。势者，利害之决，权变之威。势败者，不以神肃察也。

译文

分散自己的威势，就要效法凶猛的鸷鸟。外散势力要靠精神的驱使。用这种方法，必须乘间隙与时机行动。威壮整肃，内气强盛，推测时机而采取行动，那么威势就会自然向外分散。分散威势的人，内心谦虚，意志饱满。意志衰弱、精神不专一，言语就会容易暴露而多变。所以需观察对方意志作为揣度的标准，而后才可以根据情况图谋行事，尽圆方自然之理，使长短各有其用。时机不具备就不能分散威势。分散威势的人，一定要等待时机去采取行动，这样才能够把威势分散开来。所以善于判断时机的人，一定要精通蓄积体内五气，探察外在虚实，行动而不失分散威势的作用。采取行动就要了解对方志意，知道对方计谋。威势，决定着利害关系，是权变发挥威力的所在。威势一旦衰弱，就不能再以心神去观察了。

原文

转圆法猛兽。转圆者，无穷之计也。无穷者，必有圣人之心，以原不测之智，以不测之智而通心术。而神道混沌为一，以变论万类，说义无穷。智略计谋，各有形容，或圆或方，或阴或阳，或吉或凶，事类不同。故圣人怀此之用，转圆而求其合。故兴造化者，为始，动作无不包大道，以观神明之域。天地无极，人事无穷，各以成其类。见其计谋，必知其吉凶、成败之所终也。转圆者，或转而吉，或转而凶。圣人以道先知存亡，乃知转圆而从方。圆者，所以合语；方者，所以错事；转化者，所以观计谋；接物者，所以观进退之意。皆见其会，乃为要结，以接其说也。

译文

想使智慧如转动的圆一样没有穷尽，就要效法威猛无穷的猛兽。转圆，就是没有穷尽的计谋。无穷的计谋，必要有圣人般博大的胸怀，去追究探求深不可测的智慧，再以不可测度的智慧去通达心术。而神妙难测的造化使自然浑然一体，需要去议论万事万物的变化，去阐发没有穷尽的玄机。智慧谋略，各有各自的形象和状态，或圆或方，或阴或阳，或吉或凶，根据事物差别各不一样。所以圣人依靠这种方法，像转动圆体一样以顺应事理。所以圣人从教化伊始，其行为就包容着合乎自然的大道，以观察神明的领域。天地是没有极限的，人事是不会穷尽的，各分为不同种类。由计谋可得知吉凶成败的结果。转圆也有不同的结果，有的转而成吉，有的转而成凶。圣人因通达事理便可预先推知存亡，所以能够转圆成方，转凶成吉。圆是变化无穷的，所以言辞圆转灵活以便融洽。求方，是为确立四方求得安稳以便处事；转化，是为了观察计谋的优劣；接物，是为了观察事物的进退原则。以上这些，都可了解他们的交会，而后才能得其要领，以便沟通和接续他们的学说。

原文

损兑法灵蓍。损兑者，机危之决也。事有适然，物有成败。机危之动，不可不察。故圣人以无为待有德，言察辞合于事。兑者，知之也。损者，行之也。损之说之，物有不可者，圣人不为辞也。故智者不以言失人之言，故辞不烦，而心不虚；志不乱，而意不邪。当其难易，而后为之谋，因自然之道以为实。圆者不行，方者不止，是谓大功。益之损之，皆为之辞。用分威散势之权，以见其兑威其机危，乃为之决。故善损兑者，譬若决水于千仞之堤，转圆石于万仞之谷。

译文

要想了解损益得失，就要效法能预测吉凶的蓍草。所谓损兑，就是损益，是指对危险的判断依据。凡事都有偶然，凡物都有成败。危险的征兆，不可不认真观察。所以圣人以无为对待有德之士，谈话时观察对方言辞，看是否合乎事理。兑，是了解事物；损，是排除其他观念，以求实行。排除之后再行说服，事物仍不可行，圣人就不再过多加以辩说。所以聪明的人绝不会因为自己能言善辩就抛弃他人的观点，言辞不烦琐，内心不虚伪，心志不迷乱，思虑无邪念。根据事物的难易程度进行谋划，以事物发展的自然之道做出实际行动。对方用圆的计谋，令其不能实行；对方用方的计谋，令其不能停止，这就是大的成就。计谋的增减，都要以言辞论其得失。用分威、散势中的权变方法，使其危机暴露，而后就可抓住机会，处理事务。所以善于运用损益方法的人，就好比在千丈堤防上决堤，又像在万丈深谷中旋转圆石，真是威力无比呀！

智慧总结

《鬼谷子》一书在此处对游说之人提出了几条要求，包括思维敏捷、头脑灵活、知识广博、多谋善断等。但这些知识又如何得来呢？本篇就给予了精确的回答。

《本经阴符七术》依次为：《盛神》《养志》《实意》《分威》《散势》《转圆法》《损兑》。前三术是内养项目，后四术是外练项目，如能做好这七点，便可成为一个进退自如、来去自愿的好谋士。

从本篇的具体内容和思想来说，这七个部分注重的就是游说者内在涵养上所需要的素质，与侧重技巧的前十二篇相比，有着明显的区别和侧重点。前面的《盛神》《养志》《实意》，旨在说明如何去充实意志，涵养精神。《盛神》就是主张合道炼神，保持旺盛的神气，使身体健壮、精神饱满；《养志》就是专一做事，少些欲望，从而保持灵活多变、通达事理的头脑；《实意》就是说获取更多的信息来充实自己，从而保持思维清晰、心性通明，使谋略成功实施。

《分威》与《散势》主要是说游说时应明进退之理，当进则进，当退则退，变通地把握游说的策略与方法。懂得适时而发，当有利于主动行事时，就不失时机地去执行；当不利于行事时，就隐藏自己，等待机会。《转圆》训练的是谋略的速度，要洞察了解事物的原委，以求使用相符的策略去解决问题，并把握事物之间共性与个性的区别与联系，从中总结经验、归纳原则，然后按其内在规律办事，以提高决策能力和效率。《损兑》训练的是变换言辞的速度，把握事物的发展变化和不同的发展阶段，灵活而及时地选择或变换游说言辞，就能更有效、更迅速地达到目的。这就要求游说者有丰富的知识和较强的观察力，以及随机应变的能力。

滋养意志如长寿通灵的神龟；充实思虑如委曲求全的螣蛇；分散威势如先伏后击的搏熊；散发威势如凶猛敏捷的鸷鸟；灵活应变如威力无穷的猛兽；知晓得失如预知祸福的蓍草，这就是对游说谋士的要求。

转圆者，或转而吉，或转而凶

转圆者，或转而吉，或转而凶。圣人以道先知存亡，乃知转圆而从方。

温峤曲中求全逃魔掌

温峤是东晋人，以有胆有识、博学多闻著称于世。皇帝司马绍见他文采风流，又善谋善断，很信任他，经常让他参与朝廷的机密大事。

当时掌握朝中军事大权的将军叫王敦，企图谋反，见温峤有才，便请求皇上调去给自己当左司马，以便使皇上失去一条臂膀。

温峤被调到王敦那里后，觉察到王敦已有反心，便常常为他出谋划策。王敦渐渐地对他产生了好感，常把一些很重要的事务交给温峤去办。

温峤见钱凤是王敦的心腹干将，便积极地同钱凤交往。经常在别人面前称赞钱凤满腹经纶，文韬武略，天下无出其右者。钱凤听说后，非常高兴，把温峤当成了自己的知己。

公元 324 年，京城最高长官去世后，朝廷让王敦指定。温峤得知后，认为这是一个逃回京城的最好机会。为了不让王敦知道自己的意图，温峤故意几天不上将军府，在家喝酒玩乐。

王敦知道后，便去征求温峤的意见。温峤醉醺醺地说："非钱凤莫属！"

王敦觉得有理，便去征求钱凤的意见。钱凤原本就和温峤要好，又听说是温峤介绍自己，感激地说："温峤比我强，还是让他去吧！"

王敦又回到温峤那里，温峤再三推辞，可他越是推辞，王敦就越觉得温峤对自己忠诚，便非让他去不可。于是王敦立即上表，说人选已定，三日内即可到任。他告诉温峤要严密监视朝廷的一举一动。

温峤得到消息后，高兴之余又想到钱凤。因为此人诡计多端，心机周密又多疑，若被他识破自己，突然阻挡，岂不前功尽弃，功亏一篑？

于是在饯行会上，温峤故意装成醉鬼，走到钱凤面前，趁他喝酒时洒出一滴，把他的帽子打落在地，并大骂道："什么东西，温大爷给你敬酒，竟敢倒掉！"

王敦见温峤醉了，忙命人分开两人。临行前，温峤泪流满面，对王敦依依不舍。温峤刚走，钱凤便赶来对王敦说："温峤曾做过太子庶子，和当今皇上司马绍关系还很密切。这个人未必靠得住！"

王敦哈哈大笑道："看来你的胸襟也太狭窄了点！他昨日只是喝多了，虽然对你有点失礼，但从前他对你也是赞赏有加啊！"

温峤回去后，将王敦的大逆不道告诉了皇上，司马绍便命人剿灭了王敦。

评析

温峤在此逃脱王敦的魔掌运用的便是“转圆”之术，其策划谋略的速度和高明实在让人佩服。转圆虽有成凶者，但只要把握要领，便能像温峤这样转圆成吉。如果不能直中取，便向曲中求，温峤对付王敦之法，称得上智慧中的经典。他反过来协助王敦造反，并拉拢关系，相机脱身。尤其难得的是，当他有脱身机会时，并未喜形于色，而是小心谨慎，相机而动，预先消除隐患。由此可见，他把转圆之术可谓发挥得淋漓尽致。

持枢

原文

持枢，谓春生、夏长、秋收、冬藏，天之正也，不可干而逆之。逆之者，虽成必败。故人君亦有天枢，生养成藏，亦复不可干而逆之。逆之者，虽盛必衰。此天道，人君之大纲也。

译文

所谓持枢，即指春季万物萌生，夏日万物成长，秋时万物收获，冬季万物储藏，这是自然运行的正常法则，不可干扰、违背它。若违背了这种法则，即使暂时成功也必然最终失败。所以说人君治世也有一定法则：应顺应万民的生长、养育，事业的成功与收获，也同样不可违背。如果违背了，即使暂时强大，也终归要衰弱下去。这是社会的基本法则，也是君主治国的基本纲领。

智慧总结

本篇与全书各篇不同，其特点是言简意赅，让人怀疑是否是残留下来的某个自然段，故陶注亦讲："此持枢之术，恨太简促，畅理不尽。或篇简脱烂，本不能全也。"

本篇的内容主要是说为君者应该按照自然和社会的客观规律来治国安邦，以推动社会在正常的轨道上运转。其中所提到的如顺应民意、不违四时、如何调动人民的积极性等，都对为君者有着深刻的指导意义。

从另一侧面剖析，此篇还蕴含着一丝天人合一的思想，认为自然与社会规律有着许多相似之处，所以暗示君王治国时要合乎民情、民意，才能做到国泰民安。虽然作者是站在统治阶级的立场上阐述这一观点的，但客观上又有些民主的氛围，这对与民休养生息、推动社会的发展是有进步意义的。

故人君亦有天枢，生养成藏

故人君亦有天枢，生养成藏，亦复不可干而逆之。逆之者，虽盛必衰。此天道，人君之大纲也。

汉朝明帝善治国

上古时代的三皇五帝各有各的治国方略，他们的英明之所以流芳百世，就是因为他们依照自然的法则，有理有据地治国，所以才会天下太平，君臣谦让，互不贪功。他们的美德使百姓深受教化，治国方法顺应民意，赏罚制度公正严明，才取得了上古时代的几大盛世。汉朝也不例外，从汉高祖刘邦建汉，到汉武帝时期达到鼎盛，都是治国方略合乎民意、顺应自然规律带来的结果。

汉高祖刘邦建汉后吸取了秦朝灭亡的教训，对百姓体贴关爱，废除前秦的诸多酷刑暴政，从而为大汉王朝的巩固与发展奠定了坚实的基础。尤其是后来的“文景之治”，给予国民休养生息的时机，几十年不征赋税，很快便使得国富民强。

汉文帝在位23年，没有增建过宫室园林、没有贪图过奢华的车骑服饰；臣民有不便之处，就以国家的积蓄帮助，为人民谋利；南越王赵陀自立为帝，汉文帝招来赵陀的兄弟，给予厚赐，以德感化，赵陀深受感动，便改帝称臣。汉文帝与匈奴曾有兄弟之约，但匈奴违约入侵，汉文帝派将镇守边关，只守不攻，担心攻打匈奴会侵扰百姓。被分封到东南沿海的吴王因故与汉文帝不和，称病不肯上朝，汉文帝不怪怨还派人赐予手杖，并传语吴王因年老可以免朝。群臣劝汉文帝用宣吴王入朝的办法将其软禁，汉文帝表面听从，实际上不予理睬。

郎中令张武受过吴王的贿赂，汉文帝知道后，不但没治罪，反而赏赐他，让他心生悔意。所有这些，都表明了汉文帝以德服人，所以才出现了国家繁荣的景象。

汉朝承接了历代弊端，高祖拨乱反正，汉文帝、汉景帝与民休养生息，但对考究古代礼乐之事比较缺乏。汉武帝登基后，罢黜百家，独尊儒术。在全国访求、选拔优秀人才，给他们立业的机会。兴办太学，修建祠庙，改正月为一年初始，确定历法，规范音乐诗歌，修建祭天灵台，顶礼百神，赐予周朝后裔封地。号令建制，焕然一新。作为继承人遵循祖先的事业，学习汉高祖、汉文帝、汉景帝三代帝王的风范，像汉武帝这样雄才大略之人，在改善“文景之治”时谦恭俭朴的政策、宽政待民的风气后，才使汉王朝达到了全盛时期。

汉元帝做太子时，认为汉宣帝执法太严。汉宣帝说：“我汉家向来交错使用霸道、王道，怎么能只用仁德感化来危害政权呢！”虽然在此显现了汉宣帝的谋略不够远大，但他采用或宽容或强硬的法制还是有原因的。汉高祖入秦约法三章，秦人十分高兴，这是和缓刑法的好处；汉武帝重修国法，改变了百姓懒散的生活习性，这就是猛烈刑法的好处。由此看来，法治的使用要合乎时宜。所以适当时候的严刑峻法，对治国也会起到一定的推动作用。

评析

《左传》中说：“政策宽松，国民易散漫，应用猛烈的法令去纠正；如果太过猛烈，民众就会变得残忍，这时应再实施宽松的政策。以宽松调剂猛烈，以猛烈调剂宽松，政治才能达到平衡。”《尚书》中说：“使用刑罚要时轻时重，审时度势。”《周礼》中说：“治理新建国家应用宽松制度，治理动乱的国家应用猛烈的制度，治理安定的国家应两者适中。”所有这些都是关于采用何种方略治国安邦的言论，可见，顺应自然与民意，不违法理，才是治理国家所应遵循的基本规律呀！

中经

原文

中经，谓振穷趋急，施之能言厚德之人。救拘执，穷者不忘恩也。能言者，俦善博惠；施德者，依道；而救拘执者，养使小人。盖士，当世异时，或当因免阗坑，或当伐害能言，或当破德为雄，或当抑拘成罪，或当戚戚自善，或当败败自立。故道贵制人，不贵制于人也；制人者握权，制于人者失命。是以见形为容，象体为貌，闻声和音，解仇斗郄，缀去却语，摄心守义。本经纪事者纪道数，其变要在《持枢》《中经》。

译文

所谓“中经”，就是赈救穷窘，趋人急难。能做到这些的，一定是那些能言善辩、道德深厚的人。救援那些被拘执而身陷囹圄的人，被救的人是不会忘记救援者的恩德的。能言善辩的人，必定能够多做善事，广施恩惠；广施厚德的人，必定能凭依大道；救人出囹圄的人，必定能够豢养、驱使那些被援救的人。即使是小人，救而养之，也能够让其为己做事。士人生逢乱世，遭遇危难之时，有的人能在战乱中免于死亡；有的人能言善辩却遭谗害；有的人弃文从武，据兵称雄；有的人横遭拘系，无辜获罪；有的人心事重重而能固守善道；有的人危败之中却仍能自强自立。所以为人处世之道，贵在控制他人，而不是受控于人。控制别人的人能够牢握主动权；受人控制的人，命运就掌握在了别人手中。所以，在此介绍一些为人处世的技巧，也就是“见形为容，象体为貌”“闻声和音”“解仇斗郄”“缀去”“却语”“摄心”“守义”等方法。《本经阴符七术》讲述的是一般的处世道理和原理，至于具体的方法，都在《持枢》《中经》之中。

原文

见形为容，象体为貌者，谓爻为之生也，可以影响、形容、象貌而得之也。有守之人，目不视非，耳不听邪，言必《诗》《书》，行不僻淫，以道为形，以德为容，貌庄色温，不可象貌而得也。如是隐情塞郄而去之。

译文

“见形为容、象体为貌”，讲的是像在占卦时看到卦爻就可推测吉凶一样，可以从一个人的言语行事、外在形貌体态等方面探知他的内心世界。但是，用此术对付那些有操守的人却不行。有操守的人目不斜视，耳不旁听，言语必是《诗经》《尚书》中礼义，行为既不过度也不邪僻，以道为外形，以德为面容，无法用体貌形态去判断他们的内心世界。遇到这种情况，就不如隐藏自己的真情，避免自己言语出现漏洞，早早离他们而去。

原文

闻声和音，谓声气不同，则恩爱不接。故商、角不二合，徵、羽不相配。能为四声主者，其唯宫乎？故音不和则不悲，是以声散伤丑害者，言必逆于耳也。虽有美行盛誉，不可比目，合翼相须也，此乃气不合、音不调者也。

解仇斗郄，谓解羸微之仇。斗郄，斗强也。强郄既斗，称胜者，高其功，盛其势。弱者哀其负，伤其卑，污其名，耻其宗。故胜者，闻其攻势，苟进而不知退。弱者闻哀其负，见其伤则强大力倍，死为是也。郄无极大，御无强大，则皆可胁而并。

缀去者，谓缀己之系言，使有余思也。故接贞信者，称其行，厉其志，言可为可复，会之期喜。以他人之庶，引验以结往，明疑疑而去之。

译文

所谓“闻声和音”，说的是人与人如果言语不合、意气不投，就不会相互恩爱友善。这就像五音中商音、角音不能相合，徵音、羽音不能相配，而能协调以上四音的，只有宫音一样。所以五音不和谐，声调必然不够悲怆。因此当出现像散、伤、丑、害诸音时，言语必然逆耳不中听。即使人有美好的操行、盛誉，也依旧不能像比目鱼、比翼鸟那样亲密无间，互相帮助，这就是因为意气不投、言语不合的缘故。

“解仇斗郄”，说的是调解微小的仇斗。斗郄，说的是令有嫌隙的强者相斗，获胜方就会夸耀他的声势，失败的一方则会哀怜自己的落败，觉得名声受到玷污，祖宗受到侮辱。这样，胜方听到人们的称道便只知进攻而不知适可而止；而败者听到人们的哀叹，见到自己被损伤，就必然拼力忘死而战。这样，敌人内部的间隙就会进一步扩大，防御的力量也不够强大，那么就可以趁这一弱点用武力去胁迫、吞并他。

“缀去”，说的是向即将离去的人倾吐挽留的言语，使对方走了还十分留恋。所以，对正直诚信的君子，要称赞他的品行，激励他的意志，赞美他的品行，告诉他还会见面。这样以他人的希冀，结合以往的经验，阐明疑虑，疑虑自然就会化解，并最终消失。

原文

却语者，察伺短也。故言多必有数短之处，议其短验之。动以忌讳，示以时禁；然后结信以安其心，收语盖藏而却之，无见已之所不能于多方之人。

摄心者，谓逢好学伎术者，则为之称远；方验之，警以奇怪，人系其心于己。效之于人，验去乱其前，吾归诚于己。遭淫色酒者，为之术，音乐动之，以为必死，生日少之忧，喜以自所不见之事，终可以观漫澜之命，使有后会。

守义者，谓守以人义，探心在内以合也。探心深得其主也。从外制内，事有系由而随也。故小人比人，则左道而用之，至能败家夺国。非贤智，不能守家以义，不能守国以道。圣人所贵道微妙者，诚以其可以转危为安，救亡使存也。

译文

“却语”，说的是要善于考察、窥伺对方的短处。所以对方话多了，必有失言之处，把对方的短处记在心里。必要时以此作为反驳他的证据。这样就可以用其所犯的忌讳触动他，使他十分恐惧；然后以诚信的姿态与他结交，以安慰他的内心。继而巧妙地隐藏掩饰方才的言语，再诚恳地劝告和批评对方，不可轻易将个人的短处暴露于众人面前。

“摄心”，说的是碰到喜欢学习、技艺有长的人，就要替他扬名，使远近皆知。然后去检验他学到的技艺道术，做出正确的评价，使他惊讶于我们知识的广博和看法的高明，从而内心深处便会佩服我们。然后帮他检验不足之处，使其心悦诚服地归附。若遇到沉湎于酒色的人，先用音乐、道术使他猛然醒来，再陈说利害使其认识到严重后果。然后用他未见的美好事物使他高兴起来，指出他的光明前程，使他对我们感激不尽，喜与我们再次相会。

“守义”，说的是用仁义道德去探求对方的内心世界，去迎合对方。探求对方内心世界，就要深入了解他的本性。用相应的权术从外部控制他的内心，使其心意有所牵挂，从而必然会迎合我们。所以小人以其心来度君子之心，就会运用旁门左道，致使人们家破国亡。不是大智圣贤之士，是不能用仁义守家、不能用大道守国的。圣贤之人之所以看重微妙的道术，就是因为运用它们可以转危为安，拯救亡难。

智慧总结

在本篇里，作者先后讲述了“见形为容、象体为貌”“闻声和音”“解仇斗郄”“缀去”“却语”“摄心”“守义”等七种为人处世的秘诀。

所谓“见形为容、象体为貌”，实际上是一种观人术，即从对方的外貌和动作去推知其内心世界，而后了解他的心性品行。

所谓“闻声和音”，实际就是一种美言结人术，即用高超的谈话技巧使对方信任自己，以寻找知音，因为声气同，才能让人觉得自己可交。

所谓“解仇斗郄”，实际就是一种驾驭术。面对弱者相争，我们才坐山观虎斗，享受渔人之利，而后再以合适时机去调停，进行收买拉拢，使之成为自己的好友。

所谓“缀去”，实际就是对远离自己的人，不要心生仇恨，而是好言相留，或是诚心相送，没准日后会对我们有所用途。

所谓“却语”，实际就是抓住对方的把柄，而后控制对方，使其乖乖地按照自己的意志去做事。

所谓“摄心”，实际就是一种收揽人心的方法，并讲述到对不同的人要采用不同的收买方法。

所谓“守义”，实际就是一种用仁义道德探知对方内心世界的方法，以此来判断对方是高尚的君子还是卑劣的小人，从而采取相对的游说术去控制对方。

以上七条立身处世的方法，从古到今被无数有名的说客和权力场上的政客所使用，并取得了很好的成效，所以对后人具有十分重要的借鉴意义。

见形为容，象体为貌

故道贵制人，不贵制于人也；制人者握权，制于人者失命。是以见形为容，象体为貌，闻声和音，解仇斗郄，缀去却语，摄心守义。

海瑞察言治恶霸

海瑞是明朝有名的清官，他为官清正廉洁，为人坦荡无私，深得众人爱戴。

在他刚刚担任县令的时候，因为盗贼经常抢劫财物，甚至杀人，所以百姓生活不安定，每天太阳一落山，家家户户便紧闭院门，街上很少有人。

海瑞为了肃清盗贼，明察暗访，最后发现这都是当地豪强地主们干的。他表面装作不知，把豪强地主们请到县衙里，并用酒菜招待他们。众豪强们见海瑞如此，摸不着头脑，索性大吃大喝起来。一个时辰过去了，等众人都酒足饭饱，海瑞便站起来，拱拱手说道：

“我来此地已很久了，一直没拜访过各位，心中实有愧意，今日略备薄酒招待大家，实在是因为有一件小事想请各位帮忙！”

豪强地主们面面相觑，不知他意欲何为。

海瑞见无人说话，便指着一个平时欺软怕硬、作威作福的地主说道：

“你今天既然来了，又吃了我的酒食，就请为此地尽一份绵薄之力吧。现在盗贼猖獗，屡犯百姓，我知道你熟悉当地地形，所以命你抓捕盗贼，一个月内，须有十个。如果办不到，我便把你当成强盗，告你放纵盗贼，严加惩处。”

接着他给每人划分管辖范围，并警告道：

“你们所抓的犯人，如果发现不是强盗，那对你们就罪加一等。”

众人听到这里，早已心惊胆战，大气都不敢出。

海瑞见这些人似乎已觉察出自己知道他们所做的事情，担心他们狗急跳墙，他想了想，又向众人说道：

“诸位不要过于紧张。我让你们管理一方治安，是造福百姓的好事。如果一个月完不成捕捉盗贼的数目，我可以放宽些，只要你们所管范围内太平无事，没有百姓告状，便可以算完成任务了。”

众人一听这话，都松了一口气，高兴地向海瑞保证一定能做到。

回去之后，由于他们惧怕海瑞，又见他如此信任，把一方的治安交给自己管理，心里都有些悔恨，从此再也没有派人做过鸡鸣狗盗之事。不久，当地治安大为好转，路不拾遗，夜不闭户，人民重新过上了安宁的生活。

评析

海瑞在此巧治地头蛇，运用的便是“见形为容、象体为貌”的观人法。先用强硬的态度观察豪强地主的变化，见收到一定效果后便由强转弱，既防止了他们狗急跳墙，又使他们感恩戴德地治理各自的管辖范围，从而安定了一方百姓的生活。一刚一柔，圆而不失其正，滑而不失其缓。这就是海瑞成功的为人治世之道。